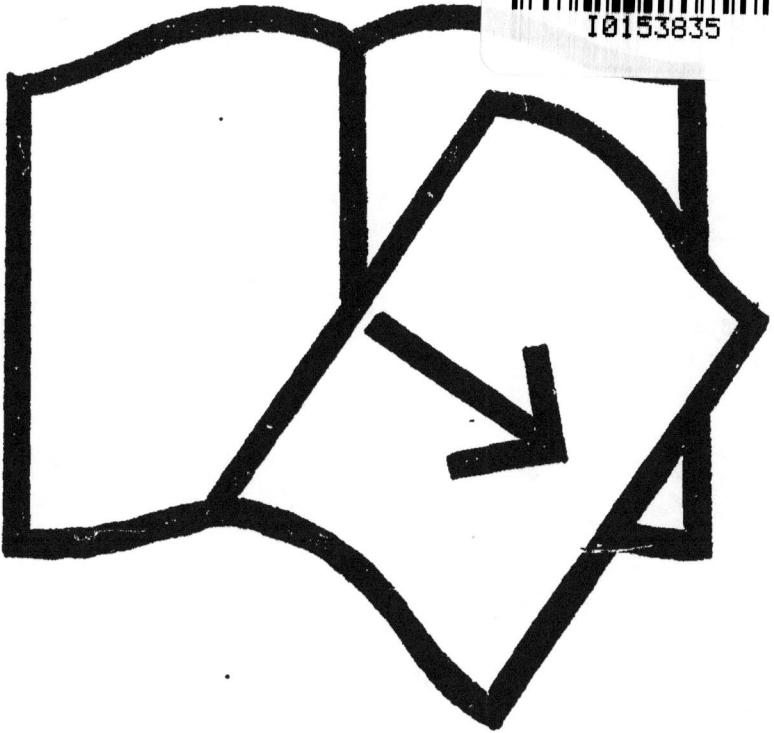

Couvertúres supérieure eÙ inférieure
manquantes

DEUX ANNÉES
DE L'HISTOIRE DU GÉVAUDAN
au temps de la Ligue

1588-1589

PAR

JEAN ROUCAUTE

Professeur d'Histoire

LICENCIÉ ÈS LETTRES

Diplômé de Hautes Etudes

MENDE

IMPRIMERIE TYPOGRAPHIQUE A. PRIVAT

1893

INTRODUCTION

La période la plus tragique de l'histoire du Gévaudan s'étend de la proclamation de l'édit de Nemours (1585) à celle de l'édit de Nantes (1598). Les graves problèmes dont la délicate et souvent douloureuse solution a troublé tout le passé du diocèse sont remis en discussion, (1) tandis que les luttes religieuses, caractérisant le pénible enfantement des temps modernes, l'ensanglantent et le dépeuplent. N'en soyons pas surpris : à ces treize années de luttes incessantes correspond le grand effort des Ligueurs essayant, mais en vain, de le gagner complètement à leur cause. Jamais contrée ne parut, de prime abord, plus favorable à leur action ; la violence des haines religieuses n'était-elle pas pour eux une promesse de succès ? Et cependant, tandis que les pays voisins, le Velay (2)

----

(1) Voir le chap. IV.

(2) Voir sur ce point : Les Mémoires de Burel, bourgeois du Puy, édités par M. Chassain, avec une introduction et des notes.

et l'Albigeois par exemple, se soulèvent à la voix de turbulents ligueurs, (1) le Gévaudan ne se laisse jamais entraîner tout entier par le mouvement général.

Pourquoi cette attitude ? Pourquoi cet échec des tentatives hardies des gouverneurs de Saint-Vidal et de Fosseuse, animés du secret dessein de se tailler, au centre même du royaume, une souveraineté provinciale ? La présente étude nous permettra de jeter quelques clartés sur ces intéressantes questions négligées jusqu'à ce jour par les historiens.

Trop souvent, dans des sujets généraux tels que « la Ligue », un intérêt exclusif s'attache aux personnages qui ont figuré au premier plan : Condé, Guise, Montmorency ou Joyeuse. Mais ces acteurs célèbres voilent le fond de la scène, où nous avons quelque peine à discerner avec précision les seconds rôles, consuls d'humbles cités ou membres des Etats particuliers du diocèse, foule obscure, anonyme, qui a cependant influé, elle aussi, sur les destinées du Royaume.

Sans nous laisser séduire par les prétextes généralement invoqués par les chefs de parti, (dévouement au bien public, attachement exclusif à

---

(1) Consulter l'histoire du Languedoc, édit. Privat, tomes XII et XIII.

la religion ou à la dynastie capétienne), nous nous appliquerons à faire ressortir toute l'influence des préoccupations d'intérêt local, souvent personnel, d'autant plus puissantes en Gévaudan, que ce canton montagneux est situé en dehors des larges voies historiques, sillonnées en tous sens par les grands mouvements politiques ou sociaux.

Le Gévaudan est d'ailleurs une région agricole. Dans cette rude contrée, difficilement accessible pendant plus du tiers de l'année, et presque obligée de se suffire à elle-même, les « gens du plat pays » vivent au jour le jour, dans l'attente anxieuse d'une récolte prochaine. Aujourd'hui encore, dans les foires ou les marchés, vous les voyez étalant fièrement les pans écourtés de leur vénérable habit à gros boutons de cuivre jaune ; sous leur large chapeau de soie, de longs cheveux noirs encadrent une physionomie massive, éclairée parfois d'un vague sourire ; et leurs yeux prennent alors cette expression indéfinissable d'intelligence et de finesse presque malicieuse toutes particulières au montagnard. Ces frères des bas-Bretons sont bien des Celtes que n'a pas encore altérés le contact des races étrangères ! Les chars, les bœufs, leurs conducteurs vêtus de serge brune, tout ici a la même teinte, la teinte des terres labourées ; si nettement visible est le caractère exclusivement agricole de cette région ! On n'y distinguait à la fin du xvie siècle aucun centre urbain important ; Marvejols avait été complètement détruite en 1586, et Mende se relevait péniblement de ses ruines. (Expédition de Merle en 1580). Aussi, ces populations rurales étaient-elles mal préparées à se laisser séduire par les théories municipales, démagogiques de la Ligue.

Or, dans ce diocèse reculé, morcelé en de très nombreuses seigneuries, l'évêque seul, de beaucoup le plus riche propriétaire du pays, jouit d'une grande influence ; au double titre de prélat et de comte, il cumule les prérogatives spirituelles et temporelles. Les deux années 1588 et 1589 sont caractérisées par sa résistance énergique, appuyée par les Etats particuliers du diocèse, aux empiétements du gouverneur royal, chef des ligueurs, et de ses officiers, sur les privilèges administratifs et judiciaires que les Capétiens avaient reconnus au siège épiscopal de Mende dès le début du xive siècle. Elles le sont, en outre, par une sage tentative de réconciliation des Réformés des Cévennes, soutenus par Montmorency-Damville disgracié, et des catholiques royalistes du haut Gévaudan, dociles à la voix de l'évêque temporisateur. Aussi les guerres de religion ne furentelles jamais moins religieuses qu'à cette date, et dans ce coin retiré de la France.

Telles sont les causes locales de l'échec des Ligueurs en Gévaudan. Heureux serons-nous, si une étude attentive des documents, extraits pour la plupart des Archives départementales de la Lozère, (que nous a libéralement ouvertes l'aimable archiviste, M. F. André), nous permet de les faire nettement saisir à nos lecteurs.

DEUX ANNNÉES
de l'Histoire du Gévaudan
AU TEMPS DE LA LIGUE

1588-1889

CHAPITRE I.

SOMMAIRE

Situation du Gévaudan à la fin de l'année 1587. — Les partis politiques et religieux (Montmorency et le Maréchal de Joyeuse).

Conséquences de l'expédition du duc de Joyeuse :

Ruine du parti des Réligionnaires dans le haut Gévaudan ;

l'évêque et la ville de Mende momentanément, à l'abri du péril huguenot.

Excès des bandes de Joyeuse et de Saint-Vidal en Gévaudan. La peste.

Etat économique du Gévaudan.

Aspiration générale à la paix, favorable à la création et aux progrès du parti pacifique dirigé par l'évêque Adam de Heurtelou, tout dévoué à la cause royale.

Vers la fin de l'année 1587, toutes les causes de conflit agissent simultanément en Gévaudan ; jamais, peut-être, confusion des intérêts religieux et politiques ne fut

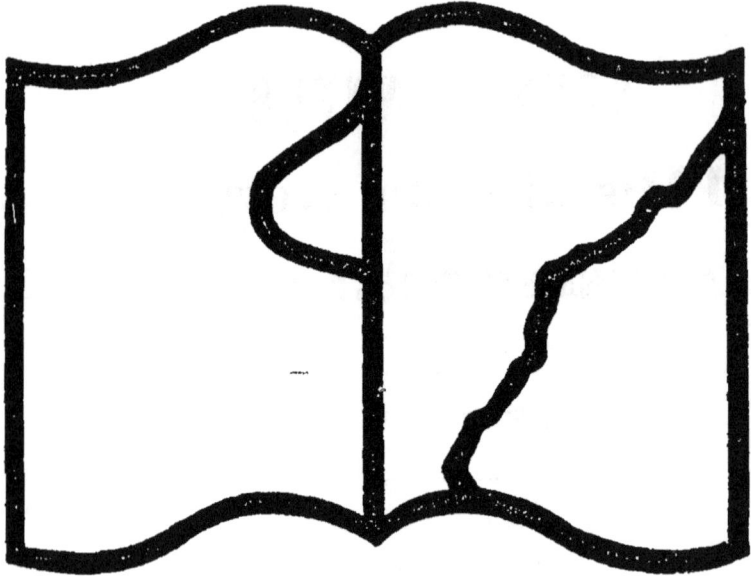

Texte détérioré — reliure défectueuse
NF Z 43-120-11

plus complète, ni situation économique plus gravement compromise.

Depuis plus de vingt ans, Catholiques et Réformés se font une guerre de tous les instants, à peine interrompue par quelque édit royal toujours mal observé, ou par quelque trêve du labourage trop souvent méconnue ou violée. Or, les haines religieuses avaient été très habilement exploitées par les chefs des factions en Languedoc, M. le duc de Montmorency et M. le maréchal de Joyeuse, qui, par leur rivalité de famille, avaient hâté la transformation des partis religieux en partis politiques.

Par jalousie pour les Joyeuse dont l'insolente fortune le froissait, et en haine des Guise (1), alors tout-puissants sur l'esprit du faible Henri III, Damville hâta l'alliance féconde des Politiques et des Réformés, avec l'intention avouée d'assurer à Henri de Béarn le trône de France. Devenu duc de Montmorency par la mort de son frère aîné, (6 mai 1579), il avait adressé au roi de France un long et remarquable mémoire sur les affaires du royaume, véritable profession de foi légèrement sceptique, où se révèlent ses vues larges et ses idées élevées : maintien de la paix entre les deux religions et stricte observation des Edits, telles en étaient les principales propositions (2). Aussi, quand Henri III eut, par l'annu-

_____

(1) Vieille haine entre les Guise et les Montmorency. Henri II avait eu quelque peine à tenir la balance à peu près égale entre les deux puissantes familles. Mais, à l'avènement de François II, le vieux connétable fut entraîné dans la disgrâce qui atteignit Diane de Poitiers, sa protectrice, et, dès lors, les Guise exercèrent une influence prépondérante sur les destinées de la France.

(2) Bibl. nat. mss, fr. 4047. p. 75. cité dans l'histoire du Languedoc, t. XII, p. 122.

lation des Edits de tolérance, (7 juillet 1585), déclaré la guerre aux Réligionnaires et affirmé ainsi son alliance avec les Guise (1), ou plutôt sa soumission à leurs volontés, Damville refusa-t-il l'autorisation de publier en Languedoc l'acte impolitique de Nemours (2). Le Roi, véritable jouet entre les mains des Ligueurs, lui retira, par lettres patentes, son gouvernement, et ordonna même à ses sujets de ne plus obéir qu'au maréchal Guillaume de Joyeuse, lieutenant général du Languedoc, heureux rival du gouverneur déchu (3).

Dès la fin de l'année 1585, Montmorency et Joyeuse entrent donc ouvertement en lutte. La majeure partie de la Province, de Toulouse à Narbonne, se déclare pour le Maréchal, tandis que Damville domine presque exclusivement de Narbonne au Rhône. L'Orb fut à peu près la limite de leur commandement ; les diocèses de Narbonne, Saint Pons et Béziers, devinrent ainsi le principal théâtre de la lutte en Languedoc (4).

Mais nulle part la situation ne fut plus tendue qu'en Gévaudan. Tous les partis politiques, toutes les factions religieuses y étaient représentés. M. de Saint Vidal, gouverneur du Velay, gouverneur et sénéchal du Gévaudan, violent catholique, avait fait prêter serment à

---

(1) De Thou, t. IX, p. 328.

(2) Loutchitzky. Documents inédits, p. 149.

(3) Hist. du Languedoc, édit. Privat. t. XII. preuves. n° 400.
« Lettre du Parlement de Toulouse au Roi sur la révocation des pouvoirs de Montmorency-Damville », l'informant que les lettres patentes de révocation ont été publiées (23 septembre 1585).

(4) Hist. du Languedoc, édit. Privat, tom. XI. p. 734.

(5) Il fut même sénéchal du Velay en 1589.

tous les habitants de Mende, momentanément inquiets des menaces des Réligionnaires, d'observer le récent édit de Nemours (1). Le baron de Peyre, à la tête des protestants de Marvéjols, menaçait les partisans de Joyeuse, et s'emparait successivement de Ste Agrève, de Châteauneuf, et de Monfalcon. Ce fut en vain que M. de Saint-Vidal reprit et démentela Sainte-Agrève, tout le pays fut aussitôt en armes ; Montmorency et ses alliés, les protestants des Cévennes, de Marvejols et du Malzieu se préparèrent à la lutte (2).

Craignant de nouveaux excès, les syndic et commis du Gévaudan écrivirent, à deux reprises, au roi Henri et à la Reine mère, les suppliant d'envoyer une armée de secours, car les lieutenants de Montmorency, M. de Chatillon et son frère, M. d'Andelot, « occupaient avec de grandes forces Marvéjols, le Malzieu, Peyre, Florac et autres places (3). » Faisant droit à ces pressantes requê-

_____

(1) Sur M. de Saint-Vidal, voir plus loin le chapitre III.

(2) Lettres au roi et à la reine-mère des 8, 10 et 15 juin, 10 et 13 août, 21 et 25 septembre 1585 — Bibl. nat. mss. franc. 15570, pp. 21, 24, 35, 176, 186, 238, 286,

(3) La première requête des commis du Gévaudan, est datée du 4 mai 1585 ; (bibl. nat. mss fr. 15372. p. 203) transcrite au tome XII de l'histoire du Languedoc, édit Privat, preuves n° 404. La seconde requête date du 10 août 1585. (Archives départémentales de la Lozère, C. 1797). Elle a été transcrite par M. André, archiviste, dans ses *Documents inédits sur les guerres de Religion en Gévaudan*, tome III, pp. 172 et 173. Or, avant même que cette requête ait pu lui parvenir, le roi, par une lettre du 13 août 1585, donna ordre à M. de Saint-Vidal, gouverneur du Gévaudan, de réduire en son obéissance « la ville de Marvejols, chasteau de Peyre et aultres places occupées par ceulx dudict party. »

tes, Henri III, dominé par les Guises, confia le commandement d'une armée à son mignon favori, l'amiral duc de Joyeuse, fils du maréchal, avec mission d'assurer la pacification du Velay, du Gévaudan et du Rouergue (1).

En prenant congé du Roi, le duc lui promit de « raser toutes les villes des Réformés, d'en exterminer les habitants, d'aller ensuite chercher le roi de Navarre, le tailler en pièces son armée et de le lui amener pieds et poings liés ». Du moins, s'acquitta-t-il ponctuellement de la première partie de son programme. Dès son arrivée en Gévaudan, il s'empare du Malzieu, campe à St-Chély, et investit enfin Marvéjols, la seconde ville du diocèse, mais alors plus peuplée que Mende et plus riche. Le siège, (dont le récit a fait l'objet de multiples et intéressants mémoires) dura neuf jours, du 13 au 22 août 1586 (2). Malgré les promesses formelles de Jo-

(1) Par une lettre du 31 mars 1586, le roi annonce à l'évêque de Mende l'envoi de troupes sous la conduite du maréchal d'Aumont. — (Guerres de Religion t. III. pp. 189-190). (Archives départ. de la Lozère, C. 1797). — L'évêque de Mende, alors à Paris, informe M. de Sabran, bailli du Gévaudan, que le maréchal d'Aumont étant malade, M. de Joyeuse le remplacera à la tête des troupes (14 juin 1586). (Guerres de religion, t. III. pp. 220 à 224. Archives départementales de la Lozère, C. 1797.)

(2) Les principaux documents relatifs à la prise de Marvejols ont été publiés dans les « Documents sur les Guerres de Religion en Gévaudan » par M. F. André, archiviste.

Tome III. pp. 242 à 256. — Arch. dép. de la Lozère, G. 973.
id. pp. 259 et 260. — ibid. C. 1797.
id. pp. 405 à 471. — « Le manuscrit en a été communiqué à M. le Président de la Société d'Agriculture Sciences et Arts de la Lozère par un de nos compatriotes des plus érudits. »

yeuse, la ville, mise au pillage, fut le théâtre des plus
sanglantes cruautés. M. de Saint Vidal, nommé gouverneur de Marvejols par l'amiral, présida en personne au
sac de la malheureuse cité, dont il haïssait tout particulièrement la population, en grande majorité protestante;
la ville fut même incendiée, rasée, et ses habitants dis-
persés. L'Amiral conduisit ensuite ses troupes jusqu'à
Rodez pour leur permettre de s'y refaire de leurs rudes
labeurs ; il s'en retourna lui même à la cour, et peu de
temps après son départ, son armée fut congédiée. (fin
de l'année 1586). (1).

L'expédition de Joyeuse, tristement célèbre par la prise
et la destruction de Marvejols et du château de Peyre, eut,
pour le Gévaudan, d'importantes conséquences, nettement visibles dès l'année 1587. Les Réligionnaires, il
est vrai, étaient toujours répartis en deux groupes :
1° Les Cévenols (Florac, Barre, Le Pont-de-Montvert,
St-Etienne-Vallée-Française, etc.) ; 2° les habitants de
Marvejols, du Malzieu et des environs. Mais la plupart
de ces derniers s'étaient réfugiés à Florac, à Anduze, à
Nimes, et à Montpellier, où ils • receurent un fort bon

---

(1) Les documents relatifs à l'expédition de Joyeuse en Gévaudan ont
été minutieusement réunis et transcrits par M. André, archiviste du
département de la Lozère, dans le tome III de ses « Documents sur
l'histoire des Guerres de Religion en Gévaudan », de la page 220 à la
page 290. A consulter en outre le Bulletin de la Société d'agriculture,
sciences et arts de la Lozère, année 1863, où l'on trouvera le « Discours du voyage de Mgr le duc de Joyeuse, en Auvergne, en Gévaudan
et Rouergue, et de la prise des villes du Malzieu, Marvejols et Peyre,
écrit par un gentilhomme de l'armée dudit Seigneur à un sien ami » ;
à comparer avec le récit transcrit par M. André, tome III, p. 405 à 471,
et dont l'auteur est un Réligionnaire.

traitement, tant des consistoires que par l'humanité de plusieurs gens de bien » (1) ; quelques bandes errantes seulement rôdaient sans cesse autour des ruines fumantes de leurs cités renversées. — Les Catholiques dominaient dans le haut Gévaudan, (Langogne, Château-neuf, Saugues, etc.) et par leur prépondérance dans les localités assises sur les rives du Lot, (Mende) séparaient les deux principaux centres protestants. Or, Marvejols et le château de Peyre détruits, c'était la ruine du parti réformé dans le haut Gévaudan. Aussi, le péril huguenot parut-il aux habitants de Mende et des cités voisines momentanément éloigné. L'évêque Adam de Heurtelou pouvait donc écrire au roi, en toute sincérité, dès le 25 mars 1587 : les Réformés « ne nous peuvent mal faire, d'aultant qu'il n'y a ung seul qui ayt la demeure des villes pour retraicte, ains du plat pays » (2). Les Réligionnaires se tinrent dès lors à l'écart dans le Bas Gévaudan sous la haute direction de Montmorency disgrâcié (3).

Une autre conséquence, au moins aussi importante, de l'intervention de Joyeuse en Gévaudan fut d'accroître la misère générale du pays. Les catholiques eux-mêmes n'avaient certes pas été épargnés par les soldats de Jo-

---

(1) Doc. inéd. sur les Guerres de Religion en Gévaudan, tome III, p. 453.

(2) Doc. inéd. sur les guerres de Religion en Gévaudan, tome III, p. 305. « Minute d'une lettre de l'évêque de Mende adressée au Roi, dans laquelle il demande à Sa Majesté d'user de bienveillance à l'égard des nouveaux convertis. » Arch. dép. de la Lozère, C. 1797.

(3) Voir le chapitre V.

yeuse, mécontent de l'insuffisance des ressources de la région (1) ; d'ailleurs M. de Saint-Vidal ne les ménageait guère. Le 13 août 1587, M. de Chanolhet, syndic des Etats particuliers, écrivait à son frère, délégué en cour pour les affaires du diocèse : « Nous avons eu nouvelles que M. de Saint-Vidal estoit à Langogne avec force troupes pour venir recevoir les pièces (de canon), à quoy le povre peuple ne peult attendre que beaucoup de ruines » (2) ; et le 29 du même mois, l'évêque de Mende, dans une lettre à l'adresse de M. de Prinsuéjols, secrétaire de l'archevêque de Bourges (3), affirmait que les excès des bandes du Sénéchal étaient plus graves encore que ceux de l'armée de Joyeuse. « Il a faict entrer toutes ses compaignies en mon diocèse, et y a faict plus de mal que toute l'armée, l'année passée.....jusques à fère rençonner par ses gens de guerre les gens d'Eglise aussi bien que le povre peuple des villaiges en général et particulier, et mesmes les ornements des églises ; de sorte qu'il ne feust jamais veu ung tel désordre ». — M. de Saint-Vidal en sa qualité de gouverneur du

---

(1) Joyeuse s'en retourna furieux à la cour, car le Gévaudan ne put nourrir ses troupes. On sait, en effet, que le pays devait entretenir lui-même les soldats chargés d'y maintenir l'ordre.

(2) Doc. inéd. sur les Guerres de Religion en Gévaudan, tome III, p. 319. Arch. dép. de la Lozère, G. 970. « Extrait d'une lettre de M. Chanolhet adressée à M. de Roffiac, son frère, délégué en cour pour les affaires du païs de Gévaudan ».

(3) Ibid. p. 325. arch. dép. de la Lozère, C. 1791.

avait le droit de « faire prendre les armes à tous les bons sujets du Roy, d'establir des garnisons, et de faire toutes les levées d'hommes qu'il jugerait nécessaires. » En principe, les troupes devaient être nourries aux frais des Réligionnaires ; mais ceux-ci étaient écrasés dans le haut Gévaudan, et les soldats de Saint-Vidal se seraient bien gardés de s'aventurer au cœur même des Cévennes, aussi étaient-ils exclusivement entretenus par les Catholiques. « Si les Réligionnaires n'y peuvent suffire, sera permis audict gouverneur imposer deniers tant sur les personnes ecclésiastiques que autres, le plus également et modestement que faire se pourra » (2). C'était donc en vertu même des droits que lui conférait l'acte de sa nomination qu'agissait M. de Saint-Vidal.

Enfin, les troupes de Joyeuse importèrent la peste en Gévaudan. Après les avoir décimées, la contagion atteignit les malheureux habitants du diocèse et ne cessa de les frapper pendant toute l'année 1587. Les documents contemporains sont unanimes à évaluer environ aux deux tiers de la population le nombre des victimes du redoutable fléau. « Il a plu à Dieu

---

(1) La nomination de M. de Saint-Vidal comme gouverneur du Gévaudan fut faite par Joyeuse en l'absence de Damville. Les lettres de nomination, datées du 29 novembre 1567, ont été publiées par M. l'abbé Bosse, dans le Bulletin de la Société d'agriculture, année 1864, pp. 59 et suiv.

(2) Ibidem. p. 69.

visiter la ville de Mende (1) et le reste du diocèse d'une si contagieuse peste (2) que les deux tiers du peuple en sont décédés (3).... Il a plu à Dieu affliger la ville de Saint-Chély, estant morte la plus grande partie des habitans d'icelle maladie (4)... dans la paroisse de Ribennes qui comptait 160 chefs de famille, il ne reste que 16 habitants, tous les autres seroient décédés (5). Dans la terre de Peyre, de quinze parties des habitans, les quatorze sont morts de la contagion de la peste. » (6). Les Cévennes elles-mêmes furent atteintes ; la ville de Florac eut tout particulièrement à souffrir de la ter-

---

(1) Arch. com. de Mende, GG. 91. Liasse, 19 pièces papier. Les principaux de ces documents sont : 1° Contrats passés entre les consuls de Mende et les « maîtres désinfecteurs de la peste » et état des sommes payées pour la désinfection de la ville en 1586 et 1587. 2° Accord entre les syndics et Jean Vincent, prêtre. En vertu de ce traité, cet ecclésiastique « s'oblige à visiter les malades atteints de la peste, il les confessera et les réconciliera, les accompagnera avec la Ste Croix quand on les portera en terre, et après, le corps à la fosse, lui donnera les trois palades ; mettra par rôle le jour et heure que seront trépassés, comme sera ordonné par MM. les consuls..., et ce, pour et moyenant la somme de 6 écus 2 livres chaque mois » (1587).

(2) Arch. com. de Mende, BB. 1 (1587). — Mesures de police prises contre la peste.

(3) Doc. inéd. sur les Guerres de Religion en Gévaudan, tome III, p. 283. Arch. dép. de la Lozère. C. 1778.

(4) Documents inéd. sur les Guerres de Religion. tome III, p. 283. arch. dép. de la Lozère, C. 959.

(5) Ibid. tome III, p. 283. arch. dép. de la Lozère. G. 952.

(6) Ibid. tome III. p. 283. arch. dép. de la Lozère, G. 1637.

rible épidémie (1). Le 22 août 1587, M. de Chanolhet écrivait à son frère : « La maladie contagieuse continue fort en la ville de Mende et presque partout le païs, dont c'est la plus grande pitié du monde, et telle désolation, que chascun se desplait de vivre et estime très heureux ceux qu'il plaist à Dieu d'appeler... » (2).

Pilleries des gens de guerre et ravages de l'épidémie (3)

---

(1) D'après une note communiquée à M. l'archiviste départemental de la Lozère par M. A. Boyer, actuellement chef du personnel au Ministère de la Justice, le 12 Janvier 1587, dans une assemblée tenue sur la place du « Peschier », et où assistèrent les deux consuls, le conseil politique et les principaux habitants de Florac, il fut décidé que suivant l'avis du capitaine Gentil on ferait venir de St-Affrique (en Rouergue) quatre « maistres cureurs et nestorieurs », pour désinfecter la ville qui depuis plusieurs mois était ravagée par la peste. — Documents inédits sur les Guerres de Religion en Cévaudan, tome III. p. 283 et 284.

(2) Doc. inéd. sur les Guerres de Religion en Gévaudan, tome III, p. 320. « Ne cessez de prier Dieu pour nous,.... *quibus fatalis imminet hora quotidie.* »

(3) Cette peste fut considérée par les Religionnaires comme un juste châtiment de Dieu des excés de l'armée de Joyeuse. « Sy est ce qu'il (Joyeuse) feust tant importuné, voire même conjuré par plusieurs des environs d'icelle (Marvejols) qu'elle feust mise en cendres, ayant cousté la vie à cent mille âmes en Gévaudan (allusion à la peste qui éclata dès la prise de cette ville). Et ceulx mesmes qui requirent cela n'en furent pas exemptz, car s'ilz eschappèrent de la furie de l'armée, ilz feurent, *par une juste vengeance de Dieu*, talonnés de la peste qui les pressa bien près, et encore plus que de tous ceulx qui s'estoient enrichiz de la despouilhe de la ville. Il y en a bien peu en vie, et ceulx qui le sont encores, sont reduictz à une telle povreté que rien plus, *Dieu ne permettant que leur sienne génération jouisse d'ung tel ravaige.* » (Documents inédits sur les Guerres de Religion en Gévaudan, tome III, p. 461).

ont complètement ruiné le diocèse. Les champs restent en friche, les campagnes se dépeuplent (1) ; la vie éco nomique est comme suspendue : « toutz affaires et négo. ces ont cessé en ce pays, et principalement en ceste po. vre ville (de Mende) (2) ». Les denrées sont hors de prix et très rares (3). Aussi le peuple meurt il de faim. On trouvait des « misérables en grande abon. dance morts dans la neige ; car, en vérité, ils se nourris soient de pain d'avoine, de l'herbe des prés, d'écorces d'arbres et d'aliments les plus grossiers qu'ils disputoient encore aux animauls.... Ils s'en venaient retirer dans les villes et dans les bourgs par grand force, et étaient si amaigris et si défaits qu'ilz ressemblaient à des corpz mortz sortis du sépulcre (4) ».

Pendant les nuits, les malheureux cultivateurs et les manouvriers sans travail parcouraient les villages et les hameaux, accompagnés de leurs femmes et de leurs en. fants ; ils priaient, ils pleuraient en demandant la cha. rité de porte en porte ; refusait on de les entendre, ils s'arrêtaient devant les maisons des gens aisés, et, proférant ensuite des menaces, ils criaient : « don-

---

(1) Voir sur ce point : archiv. départ. de la Lozère, C. 21. Etats des terrains abandonnés ou incultes dans divers lieux du Gévaudan. (Voir les pièces justificatives.)

(2) Doc. inéd. sur les Guerres de Religion, tome III, p. 321.

(3) Sur le prix du fourrage et du foin, voir les pièces justificatives.

(4) Ms. de St-Sauveur de Burel, cité par Prouzet : Histoire du Gé. vaudan, tome III, manuscrit, à la bibliothèque des archives départemen. tales de la Lozère. Voir les doléances du pays de Gévaudan en 1588, publiées par F. André, archiviste. — Bulletin. Société. Lozère.

nez.....donnez , ou nous prendrons partout où nous trouverons ! » (1). Vainement une nouvelle trêve du labourage fut signée en avril 1588 (2), les « pilheries et volleries » continuèrent (3).

Tel était le triste état du diocèse, au début de l'année 1588. Fatigués par une lutte incessante, ruinés par les excès des bandes de Joyeuse et de Saint-Vidal, écrasés d'impôts, (4) décimés par la peste ou mourants de faim

---

(1) Voir Prouzet, histoire du Gévaudan, tome III, manuscrit.

(2) Documents inédits sur les Guerres de Religion en Gévaudan, tome III, p. 370. « Extrait de la délibération de MM. les Commis, syndic et députés du Gévaudan », (21 avril 1588).

(3) Aussi le diocèse ne saurait-il fournir les sommes nécessaires à l'équipement des troupes chargées de maintenir l'ordre, ou seulement au payement des émoluments du gouverneur. « La povreté du païs est telle qu'il lui serait impossible de subvenir au payement d'une si grande somme (cinq mille escus pour quatre mois païés à la somme de douze à treize cens escus par mois pour l'entretien des troupes chargées de protéger les habitants, décimés par la peste, contre les incursions des rebelles), estant dailheurs chargé d'une infinité de debtes et aultres affaires pour les pilheries, ravaiges et volleries ordinaires qui se concertent de jour à aultre par toutz les endroitz de ce povre païs, à l'occasion desquelz les habitans dycelluy se treuvent entièrement desnués de toutz moyens, joinct les pilheries desdits ennemis, il est besoing supplier très-humblement sa majesté donner et remectre audit païs la moitié des deniers qu'elle a acoustamé de lever sur yceluy, qui peuvent monter environ troys mil escus pour la présente année. » (Doc. inéd. sur l'histoire des Guerres de Religion en Gévaudan, T. III, p. 375. « Copie d'articles envoyés par l'évêque de Mende à M. de St-Vidal, portant avis sur certaines affaires du pays de Gévaudan » (18 mai 1588).

(4) Le Gévaudan n'eut pas la moindre compensation à ses maux, car, dans un mémoire indiquant les années pendant lesquelles les habitants de Mende n'ont pas joui « des dons de Sa Majesté », on lit: « En 1585 les deniers ont été employés par M. de Saint-Vidal, gouverneur du Gévaudan ; en 1586, ils furent destinés au siège de Marvejols. » (Arch. com. Mende, CC. 148). Sur les impôts, voir les pièces justificatives.

sur les routes et dans les bourgs, la majeure partie des habitants du Gévaudan aspiraient à l'apaisement général,

On comprend aisément qu'une situation si lamentable ait favorisé la création d'un parti pacifique, exclusivement préoccupé d'assurer à une population agricole, lasse enfin de la guerre, cause unique de tous ses maux, le repos nécessaire à son bien-être. Or, l'histoire du Gévaudan, en 1588 et 1589, est précisément caractérisée par la formation de ce parti et ses relations avec les Réformés des Cévennes, hostiles aux Ligueurs, mais tout dévoués à Montmorency et au Roi de Navarre. Si l'expédition de Joyeuse a porté atteinte à l'influence des Huguenots dans le haut Gévaudan, elle a donc eu pour conséquence imprévue, ce désir de la paix, très favorable aux progrès de l'action conciliatrice de l'évêque Adam de Heurtelou, et du gouverneur disgracié du Languedoc. Jamais tentative n'eut d'effets plus contraires aux intentions de ses inspirateurs !

CHAPITRE II

SOMMAIRE

Adam de Heurtelou, évèque-comte du Gévaudan.
Son caractère.
Sa politique d'évèque royaliste.

Le parti des royalistes catholiques (1) eut pour fondateur et pour chef, en Gévaudan, l'évêque lui-même, Adam de Heurtelou, type parfait du prélat bien en cour, ayant mis tout entière au service de la royauté sa grande influence en province.

Docteur en droit, abbé de Restauré, (2) prieur et seigneur d'Ispagnac, (3) ancien conseiller et premier au-

---

(1) Mende et la vallée du Lot.

(2) Adam de Heurtelou, originaire du Mans, était abbé commendataire de l'abbaye des Prémontrés de Restauré (diocèse de Soissons).

(3) Ispagnac, chef-lieu de canton situé à 9 kilom. nord-ouest de Florac, sur la rive droite du Tarn. L'historique de cette localité et de son prieuré de Bénédictins a été tracé par M. André, le savant archiviste de la Lozère, dans l'Annuaire départemental (années 1874 et 1875, partie historique). A cause d'une longue discussion entre deux prétendants au prieuré, les revenus en restèrent six ans sous séquestre. Mais les deux rivaux consentirent à se désister en faveur d'Adam de Heurtelou, moyennant un ou deux bénéfices ecclésiastiques d'un revenu de 500 livres dans les diocèses de Paris, Sens et Chartres. (Voir l'acte de désistement aux Archives départementales, série E, Destrictis, notaire. Registre de 1573, fo 47). Une bulle de Grégoire XII, datée du 25 mai 1573, vint confirmer la possession dudit prieuré à Mgr de Heurtelou. « En 1578, il arrenta pour cinq

mônier du duc d'Anjou, (1) chanoine des églises cathé-
drales de Paris et de Mende, (2) vicaire général de
Renaud de Beaune, l'évêque du Gévaudan, (3) Adam de
Heurtelou succéda à ce dernier en l'année 1586. Renaud,
nommé archevêque de Bourges, trouva difficilement un
successeur ; après plus de deux ans d'hésitations, dues
surtout à la situation religieuse et économique du diocèse, (4) il s'entendit enfin avec son vicaire général, le

---

ans les revenus du prieuré à M. Pons Destrictis, sieur de Garréjac, pour
la somme de 1,300 livres tournois chaque année. Il se réservait en
outre 100 setiers de vin du meilleur crû et deux douzaines de poules
ou chapons. Le fermier devait fournir la nourriture aux cinq religieux
du prieuré, au curé, au clerc et au chambrier, payer le fromage et le
vestiaire des religieux, la pension du curé et l'aumône aux pauvres de
la paroisse. » Ayant momentanément cédé son prieuré, Heurtelou le
reprit en 1579. Son neveu, Claude de Rousseau, lui succéda, probablement à l'époque où Adam fut élevé au siège épiscopal de Mende, c'est-à-
dire en 1586.

(1) Registre de Destrictis, notaire, fol. 182. (Archv. départ. Lozère,
10 juin 1579). On sait que ce fut grâce à la mort du duc d'Anjou
(1584), plus connu sous le nom de duc d'Alençon, qu'Henri de Navarre
devint l'héritier légitime de la couronne.

(2) Registre de Moutet, notaire, Lods, Archiv. départ. Lozère, G.
251. (30 décembre 1571).

(3) Vicarius generalis de Regnaldi de Beaune (10 juin 1579. Registre, notaire. Destrictis, folio 182. — Archiv. départ. Lozère).
Adam de Heurtelou etait aussi « clericus cœnomanensis dioc. » mentionné en 1571 par Pierre Torrent. (Registre, notaire. Archiv. départ.
de la Lozère).

(4) Nommé à l'archevêché de Bourges, (l'évêque de Mende relevait
de la juridiction du métropolitain de Bourges) Renaud de Beaune cher-
cha à se défaire de son évêché. Il présenta d'abord pour son successeur
« ung bon docteur de Sorbonne, M° Antoine Tremblay, lequel pour sa

fit agréer d'Henri III et le proposa au choix des cardinaux. (1)

Le Concordat avait conféré au Roi le droit de nomination aux évêchés vacants ; aussi, dès le début du
xvie siècle, l'évêché de Mende, à cause des riches revenus dont il était doté et des grands privilèges que la

---

vieillesse et indisposition, et pour la peur et apréhension de la guerre
qui a esté depuis 20 ans, et est encore audict païs, ayant sceu la ruyne
de la ville et des églises, les meurtres et saccaigements des ecclésiastiques et catholiques, n'a oncques voulu accepter cest évesché », et voici
peu-être la vraie raison de ce refus : « n'ayant d'ailleurs aucun moyen
pour satisfaire aux frais que jusques icy depuis la prise de la ville
(siège de Mende par Merle en 158)), m'a fallu faire si grands ,
pour conserver les places et païs, que quasi tout le bien et revenu y a
esté emploié ». (Bulletin de la Société d'agric. de la Lozère, année
1863, p. 33).

M. de St-Jean de la Martonie (natif du Périgord) fit faire au prélat
des propositions par le capitaine Lambert (28 février 1584 . Documents
inédits sur les guerres de Religion en Gévaudan, tome III, pp. 123
à 126. Archiv. de la Lozère, G. 60. — Voir aussi sur ce point : Copie
de Mémoires envoiés à Monsieur l'archevêque de Bourges touchant l'é-
vesché de Mende pour le seigneur de St-Jean de la Martonie. (Archiv.
départ. Lozère, G. 6)). Ces offres furent sans doute jugées insuffisantes,
car, cinq mois plus tard, Renaud de Beaune s'entendait avec Adam de
Heurtelou. M. de la Martonie, fils de Geoffroy et d'Isabelle de Pompa-
dour, fut sacré en 1587 évêque de Limoges, où il mourut le 7 octobre
1618. Son frère, Geoffroy de la Martonie, fut évêque d'Amiens. (Doc.
inédits sur les Guerres de Religion, tome III, p. 127).

(1) Lettre de Mgr de Beaune, archevêque de Bourges, à Mgr le car-
dinal.... pour lui recommander la nomination de M. l'abbé de Restauré,
Adam de Heurtelou, à l'évêché de Mende (août 1584). Bulletin de la
Soc. d'agric. sciences et arts de la Lozère, année 1863, pp. 32 à 35.

Copie d'une lettre (sans signature) à M. de Villeroy au sujet de l'é-
vêque Heurtelou. On y lit : « Plaise à Monsieur de Villeroy faire tant

royauté lui avait elie même reconnus par le Paréage
de l'an 1307, (1) ne fut-il confié qu'à des personnages très en faveur à-la-cour : Claude Du Prat, Jean de
la Rochefoucauld, Charles de Pisseleu, Nicolas d'Angu,
Renaud de Beaune, Adam de Heurtelou. Si celui-ci
n'abusa pas des séjours à la cour, ce n'est pas que l'accès lui en ait été difficile ; car il y jouissait de
très hautes protections au co seil royal et même auprès
de la Reine-mère (2) N'avait-il pas d'ailleurs été premier aumônier et conseiller de feu le duc d'Anjou, l'héritier présomptif du trône ? Mais à la différence de ses
illustres prédécesseurs, il résida le plus souvent dans son
diocèse dont il prit à cœur les intérêts (3).

Adam de Heurtelou avait déjà fait ses preuves comme

---

d'honneur à l'abbé de Restauré, Messire Adam de Heurtelou, docteur
en droict et nommé par le Roy à l'évesché de Mende, prendre ceste
peine que de voulloir escrire bien affectionnement à nos seigneurs les
cardinaux d'Est et de St-Estienne pour leur témoigner le besoing très
grand que les habitans de la ville et diocèse de Mende ont d'avoir ung
évesque.... » (Bull. Soc. agric. sciences et arts de la Lozère, année
1863, p. 35).

Adam de Heurtelou fut sacré évêque de Mende le 11 juin 1586. (Voir,
dans l'*Ordo*, la liste chronologique des évêques de Mende).

(1) Voir le chapitre IV.

(2) Les officiers de la sénéchaussée de Mende (voir le chapitre IV)
adressèrent une requête au Roi et à son Conseil, dans laquelle ils dé-
claraient « tenir comme trop favorables aux intérêts de Mgr de Heurtelou, Mgr Renaud de Beaune, archevêque de Sens, et Mgr M. de
Beaune, évêque du Puy, *chancelier de la Reine, conseiller au conseil de
Sa Majesté, ami de Mgr A. de Heurtelou.* (Procès de la Sénéchaussée.
— Arch. départ. Lozère, G. 917. inédit).

(3) Voir plus bas, page 20, le reproche indirectement adressé par Heurtelou à son prédécesseur de n'avoir presque jamais résidé dans son diocèse.

vicaire général de Renaud de Beaune. Aussi avait il été
vivement désiré de son troupeau (3) car il paraissait
« capable, par son exemple et sa doctrine de réduire la
plupart du peuple ayant laissé la religion catholique »,
et fermement résolu à s'intéresser personnellement aux
affaires spirituelles et temporelles du Gévaudan (3). Le
passé était donc, pour lui, garant de l'avenir.

---

(1) Les habitants du diocèse firent instance auprès de Renauld de Beaune
« de leur donner ung évesque qui eust toutes les bonnes parties (qualités) à eulx très nécessaires.... il ne pourra bailler ledict evesché à
personnage plus capable et à eulx plus agréable que ledict sieur abbé,
pour le bon debvoir qu'il y a faict pendant qu'il a régi et administré
ledict évesché; en ont eu bien grand contement; et quelque difficulté
que ledict sieur abbé ayt faicte de l'accepter, cognoissant ladicte ruyne,
fraiz et despenses insupportables qu'il faut faire audict païs, et, en oultre, le péril qui y est, enfin il s'en est chargé et a baillé récompense
audit seigneur de Bourges. » (Doc. hist. sur les guerres de Religion en
Gévaudan, tome III, p. 139. Arch. départ. Lozère, G. 38.) Aussi ac-
cueillit-on avec joie la nouvelle de sa nomination définitive. Les fidèles
eux-mêmes contribuèrent à « l'entier payement de ses bulles ». « L'es-
pérance que chascun prend (de vous voir bientôt à Mende) nous faict desja
commencer de respirer, après tant de maleurs, et nous rend comme asseurés du bonheur qui nous aproche ». Extrait d'une lettre d'un habitant de Mende au nouvel évêque, (14 février 1585).La signature en a été
déchirée. (Arch. départ. de la Lozère, G. 6.) publiée dans les doc.
hist. sur les Guerres de Relig. en Gévaudan, tome III, pp. 136 et 137.

(2) Les habitants de Mende reprochaient au prédécesseur d'Adam de
Heurtelou, Renaud de Beaune, de vivre sans cesse loin de son diocèse.
Voir, sur ce point, un curieux mémoire des habitants de Mende se plai-
gnant de leur évêque. (Doc.hist. sur les Guerres de Relig. en Gévaudan,
tome III, p. 101. — Archives de la ville de Mende, FF. 6). Dans une
requête présentée par les consuls de Mende à Renaud de Beaune et datée de la fin de l'année 1583, on lit : « ils vous supplient très-humblement, puisque, depuis quinze ans qu'il a pleu à Dieu vous ordonner
sur eulx pour prélat et pasteur, ilz n'ont peu jouir que durant ung mois

Ph; sionomie sympathique, caractérisée par la finesse
des lignes du visage et la douceur d'un regard animé
de ce sourire expressif qui est l'indice d'une

---

du fruict do *votre présence, laquelle eust, par sa providence, zèle et
bonne affection, détourné d'eulx l'oraige de tant de malheurs et tristes
accidens,* au moings qu'il vous plaise maintenant les secourir des moyens
que Dieu a mis èntre voz mains, pour lés leur distribuer en une si
grande nécessité, (c'est-à-dire, de participer aux charges de la ville, et
mectre en considération l'obeyssance qu'ilz vous ont toujours rendue et à
ceulx que y ont commandé de vostre part, ayant contribué pour une
portion, et porte sur eulx lesdictes charges, sans que vostre revenu en
aye esté dimynué, quelque nécessité qui se soit présentée, bien que de
droict, ils vous en heussent peu requérir.(Doc.hist. sur les Guerres de Relig,
en Gévaudan, tome III, p. 96. — Archiv. de la ville de Mende, FF. 6).

On comprend d'ailleurs cette juste irritation des habitants de Mende
quand on pense aux riches revenus dont bénéficiait Renaud de Beaune :
L'évêché de Mende lui produisait................ 18.000 livres.
Les abbayes de Court-Dieu, St-André et St-Gilles.... 10.000 —
Le prieuré de Grandmont.......... .... 2.000 —
Les maisons de Chateaubrun et d'Haray.......... 3.000 —
Rentes sur la ville et recette générale de Paris. ..... 4.000 —
Plus l'archevêché de Bourges................. ....
(Archives départementales, Lozère, G. 58).

Adam de Heurtelou lui-même fait indirectement la critique de son
prédécesseur quand il écrit dans un mandement en date du mois de février 1587 : « *Le long temps qu'il y a que nos prédécesseurs n'ont faict
aucune résidence,* tant à l'occasion des troubles, que pour estre appellez
et retenus par le Roy en son conseil, *a esté cause ensemble l'occupation
que faisoient les hérétiques de la plupart des villes et places de notre
diocèse,* et que les ecclésiastiques, pourvenz de bénéffices, ayant charge
d'âmes, et aultres, ont eu, à ceste même occasion, peu de moyens de faire
résidence en leurs dicts bénéfices, pour donner la pasture spirituelle au
peuple, que nos dicts prédécesseurs et nous leur avons commis.... »
Ainsi, pour Adam de Hourtelou, (comme pour les consuls de Mende), ses
prédécesseurs sont, en partie, responsables des progrès des Réformés en
Gévaudan. Voir les pièces justificatives. (Arch. départ. de la Lozère,
pièce non encore inventoriée, inédite. 18 septembre 1587).

réelle bonhomie légèrement malicieuse, le prélat portait la bienveillance empreinte sur ses traits (1).

Une politique modérée à l'égard des Réformés lui parut nécessaire, au lendemain même de la ruine de Marvejols. Ceux-ci, écrasés dans le haut Gévaudan, n'é-

(1) Voir au musée de la Société d'agriculture, sciences et arts de la Lozère un portrait à l'huile de l'évêque Adam de Heurtelou. On y lit l'inscription suivante : « Adamus de Hurteloup œtatis suæ, 70 1604. » (Adam de Heurtelou mourut cinq ans plus tard, en 1609). En 1588 il avait donc 54 ans.

En 1847, M. de Burdin, archiviste du département de la Lozère, écrivait dans ses Documents historiques sur le pays de Gévaudan, tome II, p. 72, note l : « Il y a quelques mois qu'en restaurant un appartement dans l'aile de l'hôtel de la Préfecture, (ancien palais des évêques., donnant sur la rue d'Aigues - Passes, l'architecte a mis à découvert quelques peintures à fresque représentant les principaux évêques du diocèse, depuis St Privat jusques à Adam de Heurtelou, et qui décoraient une pièce située après la salle actuelle du Conseil général. Les mots : « nunc præsulatus », de la légende qui entoure la fresque d'Adam de Heurtelou, et les armoiries figurées sur les linteaux des croisées parmi les rinceaux, style renaissance, prouvent évidemment que le portrait et les embellissements de la salle datent de son épiscopat. ». Adam de Heurtelou y était représenté de grandeur naturelle et portant la barbe. On y lisait l'inscription suivante : « Adamus de Heurteloveus, minimus in virtutibus ex prædictis antecessoribus... nunc ecclesiæ mimatensis præsulatus .. recuperenda majori parte sue eccl... sis et heriticis vastata et .. flicata civitatibus Marologi... Malzœvio et la Garde-Guérin castrorum de Peyre... cum pluribus aliis locis... detinebant... Henricu... testi... regis XPianss ... sui episcopa... Instante sub Domno... simo duce Joyeuse convoca ... mittendum civitatem qui infra... indulgentiarum quadraginta dierum concessaverit in diocesi et.... » Cette salle a été détruite lors de l'incendie de la Préfecture, en 1887.

Jean Burel, bourgeois du Puy, parlant d'Adam de Heurtelou, dans ses mémoires, déclare que « M. de Mende était homme fort sage et digne de sa charge, ayant la vertu et piété crestiennes ». (Edit. Chassain, Le Puy, 1875, p. 493).

taient plus redoutables (1). Adam de Heurtelou indiqua nettement sa ligne de conduite à leur égard dans une lettre adressée au Roi le 25 mars 1587 (2) : « Le trophée de Mgr de Joyeuse..... a produit de si salutaires effects, qu'environ 800 à 1,000 personnes de toutz estatz de mes diocésains sont, par le vouloir divin, retournés à l'obéyssance de l'Esglise de Mende et de votre Magesté, par une pénitence publique et grande contrition de leurs fautes, et n'ay plus qu'à militer des armes spirituelles qu'il a pleu à sa divine Magesté et à la vostre me commectre par deça. » Cinq mois plus tard, il écrivait à M. de Prinsuéjols, secrétaire de l'évêque de Bourges, chargé de représenter à la Cour les doléances du pays de Gévaudan (3) : « Nous ne debvons rien avoir plus affect onné que ce qui est de la liberté et repos perpépétuel du publicq..... Nous avons faict contenance de recercher la voye de douceur. » Ces déclarations ne sauraient d'ailleurs nous surprendre de la part de l'ancien conseiller de l'auteur de la paix de Monsieur. Sa nomination avait été pour la province un gage sérieux d'apaisement et de sécurité.

---

(1) Voir, au chapitre I, les conséquences de l'expédition de Joyeuse en Gévaudan

(2) Lettre d'Adam de Heurtelou au Roi (25 mars 1587). Documents hist. sur les guerres de Religion en Gévaudan, tome III. p. 305. (Archives départementales de la Lozère, G. 1797).

(3) Lettre d'Adam de Heurtelou à M. de Prinsuéjols, secrétaire de l'archevêque de Bourges, chargé de représenter à la Cour les doléances du pays de Gévaudan (29 août 1587). Documents inédits sur les guerres de Religion en Gévaudan, tome III, p. 324. (Archives départementales de la Lozère, G. 1791).

A l'influence dont a toujours joui l'évêque-comte de Gévaudan, de beaucoup le plus grand propriétaire du diocèse, (1) Heurtelou unissait donc les solides qualités d'un prélat tout dévoué aux intérêts de son troupeau; aussi était-il un puissant auxiliaire pour la Royauté (2). De Thou en parle avec éloge : quand il arriva à Mende, accompagné de Chomberg, avec mission d'y solliciter des secours d'hommes et d'argent, (1589) il déclare dans ses *Mémoires*, qu'il fut reçu avec « autant de cordialité que de magnificence » ; et il ajoute : « ce prélat est d'une grande exactitude pour tout ce qui regarde son ministère, et d'une fidélité inviolable pour le service du Roi et pour tous ceux qui suivent le parti de Sa Majesté. » (1) Le 25 mars 1587, Adam de Heurtelou écrivait, en effet, au roi Henri III : « Sire, il y a grand bruict du remuement de la Ligue par deça ; pour Dieu, qu'il plaise à votre Majesté nous faire entendre votre bon voulloir et commandement, pour certaines importantes considérations d'éviter aux surprinses de *ceste ville (de Mende), de laquelle deppend tout vostre païs de Gévau-*

---

(1) Sur la temporalité des évêques de Mende, voir le chapitre IV.

(2) « Sa mémoire est en vénération par rapport à son zèle pour la conversion des hérétiques et à sa charité très libérale envers les pauvres qui le nommaient le « bon évêque. » Le P. Louvreleuil. — Mémoire historique sur le Gévaudan. édit. princeps, p. 28. XVIIIᵉ siècle. Voir aussi dans le Bull. de la Soc. d'agric. de la Lozère, année 1863, p. 42, un document mentionnant les dépenses personnelles d'Adam de Heurtelou pour dégrever son diocèse.

(3) Mémoires de Jacques-Auguste de Thou, livre IV, p. 638 et suiv. (Edition Desrez, Paris, 1836).

dan. *Car tous les habitans et citoyens, vos bons sujets,
ont juré entre mes mains de vivre et mourir en l'obéissance de Votre Majesté, comme ils doibvent employer
leur vie pour empescher de telles entreprinses* ». (1) Adam
de Heurtelou se posait donc nettement en adversaire
déclaré de la Ligue. Aussi, justement préoccupé d'assurer enfin la paix au malheureux Gévaudan, et d'en éloigner les bandes des Ligueurs dont il connaissait, par ses
correspondants particuliers, les sourdes menées, fit-il
jurer, après la triste journée des Barricades, aux habi-
du diocèse, l'obéissance au Roi.

Apaisement religieux et attachement à la cause royale,
tels furent les principes directeurs, étroitement solidai-
res d'ailleurs, de la politique du prélat.

---

(1) Minute d'une lettre de l'évêque de Mende, adressée au Roi, et dans
laquelle après avoir demandé à Sa Majesté *d'user de bienveillance à l'égard
des nouveaux convertis, le prélat se déclare ennemi de la Ligue.*— Mende,
le 25 décembre 1587. — Documents hist. sur les guerres de Religion
en Gévaudan, tome III, p. 306. (Arch. dép. de la Lozère, C. 1797).

CHAPITRE III

SOMMAIRE

Monsieur de St-Vidal, gouverneur et sénéchal du Gévaudan.
Puissant baron montagnard affilié à la Ligue.

L'évêque de Mende travaillait donc sans cesse à maintenir son diocèse dans l'obéissance au Roi. Toutefois ses efforts se heurtaient à l'opposition des Ligueurs dont le chef était le gouverneur lui-même, M. de Saint-Vidal

Antoine de la Tour, (1) gouverneur et sénéchal du

_____

(1) Antoine de la Tour Saint-Vidal, gouverneur du Velay depuis 1574, et du Gévaudan de 1567 à 1591, appartenait à une vieille famille du Velay.

Fils d'Antoine de la Tour, baron de St-Vidal, et de Françoise d'Albon, il fut marié à Claire de St-Point. Il avait 8 frères et sœurs :

Henri, seigneur de Montvert.

Bertrand, chanoine-comte et archidiacre de Lyon.

Jean, chanoine-comte de Lyon.

Clauda, mariée à Jérôme de la Forest, seigneur de Bulhon.

Claire, mariée à Claude de Tournon, seigneur de Gloyras.

Antoinette, mariée à Louis de Roquelaure, seigneur de Villeneuve.

Louise, mariée à Guy Beraud, sieur de Servissas.

Françoise, abbesse de Bellecombe.

(Voir Henrys, Œuvres, tome III, p. 478).

Son père, Antoine de la Tour, capitaine de 2 enseignes de gens à

Gévaudan, gouverneur du Velay, chevalier de l'ordre
du Roi, capitaine de cinquante hommes d'armes, vicomte de Beaufort, baron de St-Vidal, (1) de Cénaret (2),
comte de Montferrand (3), seigneur de Recolettes (4),
de Laval-Saint Chély (5), etc. fut le Montluc de ces
contrées. —

Ce gentilhomme, laid et petit, avait la voix brève, in-
cisive, les propos francs jusqu'à la rudesse; il manquait
absolument de courtoisie. En pleine assemblée des Etats
particuliers du Gévaudan, où « plusieurs notaibles personnes assistoient tant de l'Eglise, de la Noblesse que

---

pied, testa le 12 juillet 1552 et mourut en 1558. (Chroniques d'Etienne
de Médicis, tome I, p. 44).

Son aïeul, Hérail de la Tour, marié à Guillemette d'Albon, décéda le
20 mai 1537 (Chroniques de Médicis, tome II, p. 197, note.)

« Avant de s'établir, au XIII⁰ siècle, à St-Vidal, la maison de la Tour
était fixée à Barges. (Archiv. départ. de la Haute-Loire, testament d'Ad-
hémare, femme de Hugues de la Tour, seigneur de Barges (1266). Mais
son point de départ reste à connaître. » (Mémoires de J. Burel, bourgeois du Puy, édité par Chassaing, Le Puy, 1875).

(1) Château du Velay dont les ruines se dressent encore aujourd'hui
imposantes, à une dizaine de kilom. environ au N-O du Puy, dans une
région très montagneuse.

(2) Petit hameau de la commune de Barjac, département de la Lozère.
Le château conférait à son possesseur le titre de Baron de Cénaret;
c'était l'une des huit Baronnies du Gévaudan, donnant entrée aux Etats-
Généraux du Languedoc, tous les huit ans (baron du tour).

(3) Montferrand, commune de Banassac, département de la Lozère.

(4) Recoulettes, commune de Barjac, département de la Lozère.

(5) Laval-Saint-Chély, aujourd'hui Laval-du-Tarn, commune située à
29 kilom. S-O de Mende.

du Tiers Etat, il se mit en telle colère, que jetant son chapeau par terre, il leur dit tout haut qu'il aimeroit mieux estre parmy des ladres, et qu'ils estoient des bestes et des gueux ; et tout cela, parce qu'ils ne pouvoient lui fournir promptement deuz mil escuz qu'il leur demandoit, et dont les Etats furent contraints de luy bailler douze cens » (1).

Son costume variait peu : un maillot collant en tiretaine rouge, avec un justaucorps de velours violet, un grand manteau noir et le feutre à larges bords. Son ceinturon, en peau de buffle, était muni d'une boucle de cuivre à laquelle il accrochait son couteau de chasse, et d'une poche contenant son livre d'heures, (car il lisait régulièrement ses offices deux fois par jour). Ses oreilles étaient percées d'un anneau d'or ; il avait toujours la tête rasée, mais sa barbe, de teinte rousse, était démesurément longue (2).

Nul ne tenait moins à plaire que le farouche châtelain. Elevé à la campagne, chassant les sangliers et les loups, il n'avait pour compagnie ordinaire que quelques femmes de sa famille, timides et dociles, un jeune fils presque aussi taciturne que lui, et un troupeau de serviteurs, tremblant au premier signe, car il ne leur adressait que très rarement la parole. Gentilhomme de vieille date (3),

---

(1) « Remontrances au Roi Henri III, des délégués des Etats de Gévaudan aux Etats-Généraux de Blois », transcrites par de Burdin. (Mémoires historiques, tome II, p. 66).

(2) Voir Prouzet, histoire du Gévaudan, tome III, ms. (Bibliothèque des Archiv. départ. de la Lozère, notes).

(3) Voir plus haut, note 1, p. 25.

il tenait avec toute la rudesse égoïste et la morgue hautaine du montagnard à ce qu'il appelait ses droits. Peu
lui importaient, à vrai dire, les rivalités dynastiques ; les
discussions religieuses le laissaient indifférent. Mais lors-
que les Réformés se furent violemment emparés de plusieurs places fortes du Gévaudan et du Velay, tout à
coup, il s'élança hors de son château, en s'écriant la rage
au cœur : « Malheur à qui me trouble ! » (1) N'avaient-
ils pas ainsi attenté aux droits du seigneur sur la terre ?

Dès lors, il fit la chasse aux troupes errantes de pillards, et les traqua comme des bêtes fauves : jamais justice ne fut plus expéditive que la sienne (2). « Par St-
Antoine de Viennois ! affirmait-il un jour qu'il giboyait
avec Lysias de Maubourg (3), je donnerais bien trois bonnes années de ma vie pour tenir au bout de l'arquebuse
que voilà, quelques quartiers de ces parpaillots d'hérétiques, tant seulement le petit Béarnais, le Condillon

---

(1) « Le même temps, (1574) le seigneur de St-Vidal fust, par le seigneur évesque et consulz de la ville du Puy nommé et esleu pour gouverneur, au pays de Vellay. » (Mémoires de Jean Burel, déjà cité p. 36).

« Aussitôt le nouveau gouverneur réprit toutes les places dont s'é-
taient déjà emparés les huguenots. » (Ibid. pp. 37 et 38).

(2) « Le sieur de St-Vidal ayant faict fère une criée de n'esparnher
personne des huguenotz. au moien de quoy, plusieurs furent thués et
massacrés.... » (Mémoires de Jean Burel, édit. Chassaing, p. 38).
Voir « le Gévaudan pendant la 2ᵉ guerre civile dite religieuse (1567)
du procès-verbal des faits du baron de Cénaret, gouverneur du Gévaudan, dressé par le sieur Destrictis, son secrétaire », transcrit par
M. l'abbé Bosse dans le Bulletin de la Société d'agriculture, sciences et
arts de la Lozère, année 1854.

(3) Les La Tour Maubourg, famille noble du Velay,

et ce damné d'Amiral (1). Vois-tu, camarade, crois moi,
nous n'aurons ni paix ni trêve, que le Roi, notre sire,
n'ait pendu haut et court aux plus belles fourches de son
royaume tous ces croquants (2) de la vache à Colas !...
Qu'ils viennent me sortir de mes châteaux, et nous ver-
rons ! Ah ! mes drôles, vos guenilles ne sont pas assez
passementées, vos escarcelles ont les mailles trop larges ; à ce qu'il me paraît, vous voudriez nos écus d'or
et nos pourpoints !... Je me ferais plutôt écrouler ma
tour de St-Vidal, mes châteaux de Cénaret et de Montferrand sur le corps, que de vous en laisser prendre
une pierre, vile canaille ! » (3). Les cruelles exactions
du farouche gouverneur au siège de Marvejols ne sauraient donc nous surprendre (4).

Tel était bien le chef qui convenait aux turbulents
Ligueurs d'un pays de montagnes. A d'autres une di-
plomatie subtile et de sourdes intrigues dans les villes
populeuses ; à lui les hardis coups de mains, les répres-
sions sanglantes, la ruine des hérétiques ! Aussi ne

---

(1) C'est-à-dire Henri de Navarre, Condé et Coligny.

(2) Nom donné aux paysans du Velay par les nobles du pays (Mémoires de Jean Burel, p. 416).

(3) Cité par Prouzet, hist. du Gévaudan, tome III, ms. notes.

(4) Dans les Mémoires de M. de Thou, conseiller d'Etat, qui passa à
Marvejols en 1589, on lit : « Maruège (Marvejols) avoit été depuis peu
ruinée par les troupes du Roy, ou plutôt par l'animosité particulière
d'Antoine de la Tour de St-Vidal. Il n'y estoit demeuré d'entier qu'une
fontaine avec son bassin, du côté du Levant, et celui du couchant une
seule rue, le reste n'estoit qu'une solitude et qu'un amas confus de
maisons renversées. »

cessa-t-il de s'opposer à tout projet de réconciliation. Le jour où Henri III, évoluant vers le roi de Navarre, se détacha des Ligueurs, de St-Vidal adhéra solennellement à leur parti (1). Leurs ambitieux desseins lui permettraient d'exercer son action exterminatrice sur les Religionnaires, leur faisant ainsi expier le crime d'avoir subitement troublé le monotone nonchaloir du sombre châtelain.

D'ailleurs, une situation aussi confuse était très favorable à la création d'une principauté dans ces régions isolées, et M. de St-Vidal, était, plus que tout autre peut-être, animé de cet esprit d'indépendance qui soufflait, à cette époque, sur les gouverneurs de provinces.

Quel contraste entre la physionomie policée de l'évêque royaliste et la rudesse primitive du puissant baron montagnard !

---

(1) Henri III fit assassiner le duc de Guise le 23 décembre 1588. Or, trois mois plus tard, circulait en Velay la « Forme de serement pour y faire signer les gentilshommes de ce pays de Vellay en l'union des des princes et villes catholiques. » M de St-Vidal donne son adhésion ; la ligue (25 mars 1589). (Archiv. départ. de la Lozère, Fonds d'Apchier, Série E). M. de Saint-Vidal jura lui-même solennellement la ligue, le Vendredi-Saint, 31 mars 1589, au Puy, entre les mains des délégués du Parlement de Toulouse. (J, Burel, Mémoires, op. cit. p. 109). La même année, il fut nommé sénéchal dn Puy, au lieu et place de M. de Chattes, par le conseil de ville lui-même qui destitua et remplaça les officiers royaux. (J. Burel, Mémoires, op. cit pp. 130 et 131).

Grande estime dont M. de St-Vidal jouissait auprès des chefs de la Ligue. Pour avoir la mesure de la considération et de l'autorité de M. de St-Vidal dans le parti de la Ligue, on n'a qu'à se rapporter à la correspondance de Mayenne (1590-1591), publiée sur le ms. de la bibliothéque de Reims, par E. Henry et Ch. Loriquet. Reims, 1860-1864, 2 vol. in-8°. On y trouvera 5 lettres de Mayenne à M. de St-Vidal dans lesquelles le lieutenant général de la couronne l'appelle *mon père,* « marque de respect et d'affection qu'il ne donne à aucun autre des chefs de la Ligue. » Chassaing, Mémoires de Jean Burel, pp. 227 et 228, note).

CHAPITRE IV.

SOMMAIRE

Evêque et Sénéchal. — Procès de la Sénéchaussée. Création d'une Sénéchaussée du Gévaudan (1583). — Organisation administrative et judiciaire du Gévaudan avant cette fondation : le pouvoir temporel des évêques. — Violation des privilèges épiscopaux par les officiers de la Sénéchaussée.

Le procès : intérêt de son étude pour la connaissance de la situation administrative et judiciaire du Gévaudan. — Arrêt du Parlement de Toulouse (27 novembre 1585) : confirmation des privilèges épiscopaux. — Arrêt du Conseil d'Etat (17 décembre 1587) : maintien de la Sénéchaussée, mais confirmation nouvelle des droits de l'évêché.

Tentatives faites par l'évêque pour hâter la suppression du nouveau siège. Trois mémoires ou recueils d'instructions remis aux députés aux Etats-Généraux de Blois (fin de l'année 1588). — Révocation du Sénéchal, M. de Saint-Vidal, par Henri III (15 juillet 1589). — Suppression de la Sénéchaussée par Henri IV.

Conséquences de cette création et du procès qu'elle suscita sur la situation générale du Gévaudan en 1588.

La sauvegarde des intérêts épiscopaux dictait à Adam de Heurtelou une politique toute contraire à celle de M. de Saint-Vidal. La récente fondation d'une Sénéchaussée à Mende (1583) (1) avait, en effet, troublé l'ordre administratif et judiciaire établi dans le pays depuis près de trois siècles (2). Motivée par l'éloignement de la Sénéchaussée de Beaucaire et de Nîmes, à laquelle ressortissait le Baillage de Gévaudan, et par l'intention d'agir avec promptitude à l'égard des Réformés des Cévennes, dont les procès seraient dès lors jugés à Mende même, loin du dangereux voisinage de leurs coréligionnaires de la plaine, cette création était, à vrai dire, une tentative hardie des Ligueurs essayant d'assurer en Gévaudan le triomphe de leur cause (3).

---

(1) Nous avons retrouvé l'acte de fondation de la Sénéchaussée de Mende aux archives du Parlement de Toulouse (Arch. départ. de la Hte-Garonne, Série B. Parlement. Edits, reg. 11ᵉ fᵒ 2, inédit). Il est transcrit dans les pièces justificatives, à la fin de l'ouvrage.

(2) « Par l'installation dudit siège de Sénéchal il a esté faict un grand « préjudice aux droits appartenant tant à Votre Majesté qu'à ladite Eglise « et évêché en ce qui concerne principalement les communs droits au « comté et baillage de Gévaudan. » — Copie de lettre adressée au Roi par le syndic de l'église de Mende. (Arch. départ. Lozère, G. 916). D'ailleurs, dès le 22 juin 1583, le cardinal d'Armagnac écrivait d'Avignon à « Messieurs des Etats du Gévaudan » : « le commun bruit est partout que *quelques-uns du pays de Gévaudan, pour leur profit et commodité particulière*, cherchent par tous moyens de faire établir un siège de Sénéchal en ladite ville de Mende, sans considérer le préjudice que telles nouveautés peuvent apporter non seulement au *service du Roy* et repos du pays, mais encore à *l'honneur de Dieu.* » (Lettre publiée par l'abbé Baldit, Bulletin de la Soc. d'agric. Lozère, 1861, p 234).

(3) L'évêché était alors « en économat », car Renaud de Beaune était depuis le début de l'année 1583 archévêque de Bourges. Adam de Heurtelou ne devint évêque du Gévaudan qu'en 1586 ; il fut sacré à Paris, à St Victor, le 11 juin.

Très influents, à cette date, sur Henri III, ils le décidèrent à nommer au nouveau siège leur allié, le gouverneur du Gévaudan et du Velay, le baron de la Tour St-
Vidal. Concentrer dans les mains d'un si redoutable
seigneur, les pouvoirs judiciaire et militaire n'était-ce
pas travailler heureusement au succès de la Ligue dans
la France centrale ?

La Sénéchaussée de Mende comprenait un Sénéchal
de robe courte, un juge-mage et lieutenant général, un
lieutenant particulier, cinq conseillers, un avocat et
procureur du Roi, un receveur des amendes et « payeur
des gaiges des officiers » un « huissier vergier », un
« scelleur » et un greffier. « A tous les dits officiers,
« Sa Majesté avait donné et attribué la cognoissance de
« toutes matières, tant civiles que criminelles, et des
« conventions entre tous les habitants du hault et bas
« pays de Gévaudan, desquelles cognoissoit ou pou-
« voit cognoistre le Sénéchal de Beaucaire et Nismes,
« auparavant la présente érection, avec pareille prée-
« minence et authorité...., sans toutefois énerver au-
« culne chose de la juridiction dudit évesque, chapitre
« dudit Mende, et aultres ordinaires dudit pays, ny
« aussi de ladite court commune. » (1)

Mais le Sénéchal et ses officers, installés en 1585 (2)
ne tardèrent pas à empiéter sur les privilèges épisco-

_____

(1) Arch. départ. de la Hte-Garonne, série B, Parlement, Edits, reg.
11° f° 2, inédit. Voir les pièces justificatives.

(2) Frais d'installation de la Sénéchaussée de Mende. F. André, Doc.
inéd. sur les guerres de Religion en Gévaudan, t. III, pp. 135 et 136.
(Arch. départ. Lozère, Série C. 1344).

paux : (1) comme au XIII⁰ et au début du XIV⁰ siècle,
la grave question du pouvoir temporel des évêques de
de Mende fut à nouveau discutée, au cours du procès
suscité par ces usurpations ; et la rivalité des intérêts
se greffant, pour ainsi dire, sur l'antipathie des caractères, donna toute son acuité à la lutte d'Adam de Heurtelou contre M. de Saint-Vidal.

Les documents, tous inédits et conservés aux archives
départementales de la Lozère (2), attestent, par leur
nombre et leur étendue, de l'importance du procès de la
Sénéchaussée. De 1585 à 1589, la plupart des pièces
manuscrites émanant de l'évêché, mentionnent minutieusement les privilèges du prélat et leur violation
par le juge-mage. Les érudits s'intéressant à l'étude
de la « temporalité » des évêques de Mende, (qui est le
point vraiment central des institutions gévaudanaises),
trouveront dans ces multiples documents, véritable re-
constitution rétrospective des droits épiscopaux, des
données précieuses leur permettant de nettement saisir
la personalité historique de ce pays. Aussi nous per-
mettra-t-on d'insister sur ce sujet, inconnu des historiens
languedociens (3).

---

(1) Voir parmi les pièces justificatives un « Mémoire sur les privilèges de l'Evêché, avec les contraventions de Mᵉ Vidal Martin, juge-mage,
à l'acte de Paréage ». (Arch. départ. Lozère, Série G. 917, inédit).

(2) Les principaux documents relatifs à la Sénéchaussée de Mende se
trouvent aux Archives départementales de la Lozère, Série G. Liasses,
Nᵒˢ 914, 915, 916, 917, 918. Ils sont tous inédits.

(3) Nous lisons, en effet, dans Dom Vaissette, édit. Privat, tome XI,
p. 728 : « Les Etats de la Province (de Languedoc), réunis à Béziers le

Au XII° siècle, le « Pays de Gévaudan » était, dans sa majeure partie, un fief épiscopal (1). Or l'évêque Aldebert du Tournel, menacé par la « rébellion de ses vassaux, « barons et autres feudataires, se plaça sous la protection « du Roi et lui fit hommage de son évêché. » En retour, Louis VII lui reconnut, par la Bulle d'or, les droits régaliens sur son diocèse (1161) (2). Plus tard, l'évêque Etienne

---

8 juillet 1585, demandèrent au roi la suppression de la Sénéchaussée de Gévaudan : *cette érection n'eût d'ailleurs jamais lieu* ». Il eût été juste de dire seulement que l'installation du Sénéchal « n'avait pas encore eu lieu ». Ce fut en effet entre le 21 mars et le 12 avril 1585 que M. de Saint-Vidal fut installé. Voir « l'Etat des dépenses faites le par conseiller M. de Luc, commissaire député pour installer le Sénéchal ». (Arch. départ. Lozère, Série C. 1314, inédit).

(1) On a conservé aux Arch. départ. de la Lozère un certain nombre « d'hommages » prêtés par les barons gévaudanais à l'évêque de Mende. 1er registre, année 1134. « Copie des hommages rendus à l'évêque de Mende par les barons de Randon et de Cénaret, par les seigneurs de la Garde-Guérin », etc. (Arch. départ. de la Lozère, Série G. 146, inédit, 2me registre, année 1219). « Copie des hommages rendus aux évêques de Mende par les comtes de Rodez, les barons de Mercœur, de Cénaret, de Canillac, de Peyre, du Tournel, de Châteauneuf, d'Apcher, de Florac (les huit barons du tour), les seigneurs de Montferrant, de Montrodat, etc. » (Arch. départ. de la Lozère, Série G. 147 inédit).

(2) Arch. départ. de la Lozère, Série G. 25. — Copies de la charte dite Bulle d'or. Ce titre établit l'indépendance « dans laquelle les évêques de Mende s'étaient toujours conservés », indépendance reconnue par le roi lui-même. Quoique le Gévaudan, y est-il dit, ait toujours été sous la domination des évêques, non seulement pour le spirituel, mais encore pour tout ce qui appartient à la juridiction temporelle, l'évêque Aldebert s'est soumis à la domination du roi de France. Ce prince confirme le prélat dans tous ses anciens privilèges et dans la possession des droits régaliens. « Longe est a memoria hominum mortalium nostri

de Brioude s'étant saisi du château de Grèzes, dut le remettre à Louis VIII, qui s'en retournait vers Paris ; car c'était une place-forte du comte de Toulouse, rebelle à Sa Majesté. Une garnison royale fut alors placée dans l'antique château (1226), *et tunc Gallici inceperunt possidere Gredonem* (1).

Ce fut seulement en l'année 1258 que les rois de France devinrent les paisibles et légitimes posses-eurs de la vicomté de Grèzes ou de Gévaudan. Par un contrat, passé à Corbeil le 11 mai de la même année, Saint Louis céda à Jacques, roi d'Aragon, tous ses droits sur la Catalogne et le Roussillon : mais de son côté, Jacques lui abandonna les pays qu'il possédait en deçà des Pyrénées, et notamment la vicomté de Gévaudan (2). La signature de cet acte eut pour conséquence immédiate l'ouverture de négociations entre l'évêque et le roi, dont le résultat fut un échange réglé en juin 1266 : le prélat abandonnait définitivement au roi la vicomté de Grèzes et ses dépendances. Toutefois l'évêque de Mende conservait toujours ses prérogatives vraiment royales :

« temporis, quod aliquis episcopus Gabalitanorum ad curiam antecessorum nostrorum regum Franciæ venerit, et eorum subditionem cognoverit, sive fidelitatem eis fecerit. Quamvis tota terra illa, difficillima aditu et montuosa, in potestate episcoporum semper extiterit, *non tantum ad faciendum ecclesiasticam censuram, sed etiam ad judicandum in gladio...* » (Publié par Prouzet, histoire du Gévaudan, tome I, pp. 144 et suivantes, note XX).

(1) « La vicomté de Gévaudan sous la domination des comtes de Barcelone et des rois d'Aragon » (1112 à 1258), par F. André : Extrait du Bulletin de la Société d'agriculture, sciences et arts de la Lozère.

(2) Ibidem, page 369.

l'exercice de la justice criminelle, le droit de confiscation et de guerre, le droit de battre monnaie d'argent et de billon ; il n'avait d'autre obligation envers son suzerain que le serment de fidélité.

Philippe le Bel, désireux d'étendre parallèlement le domaine et l'influence de la monarchie capétienne, s'attacha à l'examen de toutes les questions litigieuses relatives au pouvoir temporel des seigneurs ecclésiastiques (1). Après avoir terminé plusieurs différends avec les évêques de quelques diocèses voisins, il mit aussi fin aux contestations existant, depuis de longues années, entre la Sénéchaussée de Beaucaire et l'évêché de Mende, par l'acte célèbre du Paréage, (2) qui, maintes fois confirmé par ses successeurs, doit être consideré comme la charte constitutive du Gévaudan aux temps modernes.

Bulle d'or de l'an 1161, contrat de Corbeil en 1258 et échange de 1266, Paréage signé en 1307, telles sont les principales étapes successivement parcourues au moyen-âge par la « temporalité des évêques de Mende. »

L'organisation judiciaire du diocèse, à peu près telle

---

(1) Nous avons trouvé aux Arch. départ. de l'Hérault un « Sommaire des lettres patentes de Philippe le Bel confirmant un Paréage entre le comte de-Toulouse et l'abbé de Gaillac. (Arch. départ. de l'Hérault, Série B. 3, inédit).

(2) Les documents relatifs au Paréage sont conservés aux archives départ. de la Lozère, Série G. 730 à 913. L'acte du Paréage lui-même est transcrit sur un rouleau de parchemin, G. 743. Il a été publié par M. G. de Burdin, dans ses *Documents historiques sur le Gévaudan* et par Prouzet, *Histoire du Gévaudan,* tome II, pp. 337 et suiv. note XIV.

qu'elle subsista jusqu'en 1789, fut donc réglée par l'acte de l'an 1307. La justice fut ordonnée d'après une triple répartition des terres-en-« domaines propres du roi », vicomte de Grèzes, en « domaines propres de l'évêque », solennellement reconnu comte du Gévaudan, et en « domaines communs à l'évêque et au roi. »

1° Les « domaines propres du roi » étaient : le château de Grèzes et ses dépendances, Marvejols, Chirac, La Canourgue et son mandement, le château de Nogaret et ses dépendances, une partie de la viguerie de Meyrueis, de la balivie de St-Etienne-de Valfrancesque, des paroisses de St-Germain-de-Calberte, de Ste Croix, de Vebron, de Balmes, etc.

2° Les « domaines propres de l'évêque », beaucoup plus vastes, étaient : la cité de Mende et son mandement, les châteaux de Chanac, du Villard, de St-Hilaire, de Badaroux, de Serverette, de Cénaret, de Ribennes et leurs dépendances, la moitié du château de Randon et ses dépendances, la ville du Pompidou et son mandement, etc.

3° Les autres parties du Gévaudan étaient dites « terres communes à l'évêque et au Roi ».

Les deux suzerains ont dès lors leurs officiers distincts sur leurs domaines particuliers : un bailli royal à Marvejols et un bailli épiscopal à Mende ; mais *partout ailleurs, ils s'associent* et se reconnaissent réciproquement « toute juridiction, haute et basse, mère et mixte « empire, — la domination, puissance temporelle, « droits régaliens sur tous lieux du diocèse, sur toutes « personnes, nobles ou non-nobles, ecclésiastiques ou « séculières, pour quelque cause que ce soit ; — ils « s'associent en outre à la connaissance de toutes ac-

« lions personnelles, de tous crimes publics ou privés,
« capitaux ou non capitaux, ordinaires ou extraordinai-
« res, à tous droits de commission, d'incursion, de
« publication, de vacation ou de confiscation *dans leurs
« fiefs et arrière-fiefs communs* (1)... » Ils instituent,
d'un commun accord, un bailli et un juge ordinaire,
chargés de rendre la justice en leur nom collectif... Les
jugements du baillage sont relevés en appel, au choix
de l'appelant, devant la Sénéchaussée de Beaucaire et
de Nîmes ou le Parlement de Toulouse. La *cour commune
du baillage de Gévaudan* siègera alternativement une
année à Mende, ville épiscopale, une année à Marvejols,
ville royale (2).

----

(1) Nos associamus dictum episcopum et successores suos episcopos et
Ecclesiam Gaballitanam pro nobis et successoribus nostris in jurisdictione
alta et bassa, mero et mixto imperio, et in dominatione et potestate
temporali et ressorto, et in juribus regalium et aliis juribus, dominatio-
nibus et jurisdictionibus ad nos tamen pertinentibus, vel pertinere valen-
tibus quoquo modo in tota terra, et comitatu et episcopatu Gaballitanis,
et tota diocœsi Mimatensi in quibuscumque locis, et supra quascumque
personas nobiles et ignobiles, ecclesiasticas vel seculares, et quibuscumque causis vel occasionibus ; (exceptis et retentis, nobis et nostris
successoribus, castris nostris, villis et eorum territoriis......) Jus vero
cognoscendi de quibuscumque personalibus actionibus, et de quibuscumque criminibus, publicis vel privatis, capitalibus vel non capitalibus, or-
dinariis vel extraordinariis, ac jus commissionis, incursionis, publica-
tionis, vacationis, seu confiscationis feudorum et retrofeudorum prœdic-
torum communicavit dictus episcopus ; ita ut..... ad nos et successores
nostros pars dimidia et ad dictum episcopum et successores suos, alia
pars dimidia pro indiviso debeat pertinere.... » (Voir le Paréage. dans
Prouzet, histoire du Gévaudan, tome II, pp. 233 et suiv. note XIV).

(2) Sur les divers sceaux de la Cour commune conservés aux Arch.
départ. de la Lozère, (années 1310, 1604, 1678, etc.) le prélat est toujours, figuré tenant d'une main la crosse, et de l'autre, le *glaive*. Consulter *Les Sceaux de la Cour commune*, dans le Bull. de la Soc. d'agric. de
la Lozère, par F. André.

Telle était encore, dans ses traits généraux, l'organisation judiciaire du Gévaudan avant la création de la Sénéchaussée. Henri III avait bien affirmé ne vouloir troubler en rien l'ordre établi (1) ; mais les officiers de Sénéchaussée ne se firent pas faute de violer journellement les privilèges épiscopaux. Le bailli de la cour commune, M. de Sabran, seigneur des Alpiès, dont l'autorité, malgré les assurances royales était naturellement fort diminuée, protesta vivement contre cette innovation (2) et appuya les réclamations de l'évêché. Le clergé s'étant opposé aux « usurpations » des officiers de la Sénéchaussée, un procès fut intenté par le juge-mage, Me Vidal Martin, le 20 août 1585, (quatre mois à peine après l'installation du Sénéchal), au vicaire général Jean Brugeyron, à Jean Dumas, juge au baillage du Gévaudan et à Paul Albaric, juge ordinaire de la ville de Mende (5)

---

(1) Voir une déclaration royale « portant que la juridiction ordinaire de l'évêque du Gévaudan lui est conservée, à Mende même ». (Arch. départ. Lozère, Série G. 914, inédit).

(2) Requête adressée au Roi par M. de Sabran, gentilhomme de la Reine-mère, seigneur des Alpiés, (château de la commune de Cubières, canton du Bleymard, départ. de la Lozère), bailli du Gévaudan, exposant à Sa Majesté que l'érection de la Sénéchaussée de Mende est préjudiciable à sa charge de bailli (1585). (Arch. départ. de la Lozère, G. 914, inédit). — Lettre du Roi Henri III, qui donne ordre aux trésoriers généraux de France de payer la somme de 600 écus à M. de Sabran, en dédommagement de son autorité (1585). (Ibidem, inédit).

(3) Voir, parmi les pièces justificatives, la « Requête de Me Vidal Martin, juge-mage en la sénéchaussée de Mende, contre les officiers du baillage ». Arch. dép. Lozère, Série G. 917, inédit).

Dans sa requête, Vidal Martin se plaint de ce que Jean Brugeyron « s'efforce d'usurper toutes ses préro- » gatives et prééminences, *jusques à prendre le com-* « *mandement sur les habitants de la ville de Mende pour* « *la garde d'icelle et des clefs de la ville, et bailler le mot* » *de guet,* (ce que ne peult appartenir à aultre qu'au « sieur de St-Vidal, et, en son absence, au suppliant); « et non content de ce, auroit suscité Me Pol Albaric, « juge ordinaire de ladite ville, ensemble Me Dumas, « juge au baillage dudict païs, lesquels entreprennent » ordinairement de cognoistre des instances dont la « cognoissance appartient privativement audict Séné- « chal; — mesmes ledict Albaric, ores qu'il soyt tant « seulement juge, veult juger et prendre cognoissance « des instances desquelles la cognoissance appartient « privativement aux juges de la Sénéchaussée. Et en- « core tant *ledict Dumas que Albaric veulent priver le* « *suppliant de présider à faire le despartement et assiette* « *de Mende, ce qui ne peult appartenir à aultre que* « *audit suppliant, comme juge-mage.* » Les officiers de la Sénéchaussée méconnaissaient donc les prérogatives épiscopales.

Aussi, en réponse aux accusations du juge-mage, la partie adverse fit-elle rédiger un intéressant « mémoire » sur ses privilèges, avec la mention des contraventions « de Me Vidal Martin à l'acte du Pariaige » (1). L'auteur déclare nettement que, d'après l'acte de l'an 1307 :

_____

(1) Voir, pièces justificatives : « Mémoire sur les privilèges de l'évê-ché avec la mention des contraventions de Me Vidal Martin, juge-mage, à l'acte de Pariaige ». (Arch. départ. Lozère, Série G. 917, inédit).

1° « Le seigneur-évêque a haute, moyenne et basse jus-
« tice dans la ville de Mende et autres terres dépendantes
« de son évêché. » Ses officiers judiciaires sont : un
bailli, gouverneur de robe courte, un juge et procureur
juridictionnaire, un juge des premières appellations et
cinq lieutenants aux mandements de Chanac, Serverette,
Le Cheylard, Grandrieu, et Fournels Chauchailles. Le
tribunal de l'évêché a la juridiction pleine et entière,
même des cas royaux, dont le prélat a toujours joui,
sans aucune contestation jusqu'à ce jour. — 2° Sur les
terres communes, les officiers du baillage de Mende ont
les mêmes droits que les officiers royaux. — 3° Les cas
présidiaux sont réservés au présidial de Nîmes. — 4° La
fausse monnaie, le port d'armes et les associations illi-
cites regardent le baillage de Mende, bien que ce soient
des cas royaux. — 5° « Par privilèges exprès, les main-
« tenues impétrées du Sénéchal de Nîmes ne peuvent
« être exécutées dans la juridiction ordinaire de l'éves-
« que qu'avec l'autorisation de la chancellerie de Tou-
« louse. » Me Vidal Martin y contrevient au mépris des
privilèges épiscopaux : « ce qu'il ne peult faire, pas
« plus que la Sénéchaussée de Nismes que remplace
« celle de Mende. » — Puisque le Paréage a été récemment confirmé par Charles IX, et qu'Henri III lui-
même a déclaré nettement que « la juridiction de l'é-
vêque demeure en son entier » (1), les officiers du baillage n'ont rien perdu de leurs anciennes prérogatives;

---

(1) « Déclaration royale portant que la juridiction ordinaire de l'é-
vêque de Mende lui est conservée » (Arch. départ. Lozère, Série G. 914,
inédit).

c'est donc, au contraire, M° Vidal Martin qui veut usur·
per des droits qu'il n'a pas sur la juridiction ordinaire
de l'évêché.

Le conseil du Parlement, ayant délibéré à Toulouse,
le 27 novembre 1585, déclara que l'évêque de Mende (1)
« avait eu juste occasion de prendre la cause pour le-
« dict sieur Brugeyron, son vicaire général et ses offi-
« ciers.... *Bien que, en plusieurs choses, la requête du-*
« *dit Martin semble estre civile et conforme à l'érection*
« *dudit siège et édit de Crémieu, toutefois cette Séné-*
« *chaussée, à son égard particulier, est séparée des aul-*
« *tres par les titres dudit sieur évesque.* Car, en ce qui
« concerne le premier chef, *touchant la garde des clefs,*
« *puisque ledit sieur évesque est seul seignenr hault*
« *justicier, et a, de tous temps et mémoire, accoustumé*
« *tenir, ou son vicaire général, les clefs de ladite ville,*
« *c'est chose que ne luy peut estre ostée,* — non plus
« que la cognoissance des instances de maintenue à ses
« officiers, *veu que les causes royales sont de leur cog-*
« *noissance,* mesme par la déclaration du Roy, loys faic-
« tes en l'an mil cent soixante ung, (2) estant la ville ré-
« servée par la transaction du mois de febvrier mil trois
« cens six (5), audit évesque, ensemble tout ce qu'il pos-
« sédoit lors de propre en juridiction et propriété, —
« *auxquels tiltres ne peult estre faict aucun préjudice par*

---

(1) Voir, pièces justificatives, « Copie d'advis du conseil de la cour de
Parlement de Toulouse sur la requête du juge-mage ». 27 novembre 1585.
(Arch. départ. Lozère, Série G. 916).

(2) Allusion à la Bulle d'or.

(3) Le Paréage (1307).

« *l'érection dudit Sénéchal, comme le Roy ne doibt estre*
« *entendu l'avoir voulu faire au dommaige et intérest*
« *dudit sieur évesque, n'ayant ouy ny veu ses tiltres.* »
Le conseil, en invoquant *la coutume, refuse aussi au*
juge-mage le droit de présider aux Etats du Gévaudan;
toutefois, il s'appuye sur les déclarations de François Ier,
d'Henri II, de Charles IX, et sur les règlements donnés en
la Sénéchaussée du Puy pour déclarer qu'il est « raison-
« nable que les officiers du Roy assistent aux assemblées
« de ville, afin que rien n'y soit faict contre son ser-
« vice, ce que leur estant octroyé, il est sans doubte
« qu'ils y précèderont les officiers ordinaires... » C'est
aussi d'après *la coutume* qu'il semble au conseil que la
prérogative de « *bailler le mot de guet appartient exclu-*
« *sivement à l'évesque ou à son vicaire général....* Les
« consuls de Castelnau d'Arry qui avoient toujours ac-
« coustumé de bailler le mot, n'en ont pas esté privés
« par la nouvelle érection de la Sénéchaussée.... Le
« Sénéchal de Mende soyt tenu au nom commun du
« Roy et dudit Evesque et toutes les confiscations qui
« escherront en ce qui est en pariaige leur soient aussi
« communément adjugées, attendu que la transaction
« porte que les officiers seront communs en ce qui sera
« commun... » Toutefois, le conseil invite l'évêque à
faire « rechercher plus avant ses premiers tiltres, même
« ceulx dont il est fait narre au début de l'inventaire
« des pièces qui ont esté envoyées, *d'aultant que par*
« *celles-là mesmes, il se voit que ledit seigneur évesque a*
« *non seulement la juridiction haulte, moyenne et basse,*
« *mais encore les premières et secondes appellations.* »
Plus tard, le Parlement de Toulouse cédant aux in-
fluences ligueuses revint sur cette première déclaration

et rendit un arrêt contraire aux intérêts épiscopaux.

Il était réservé au conseil d'Etat de donner une solution à ce problème délicat. Le syndic du diocèse, Bernard Dangles, appuyé par l'évêque, avait fait appeler, (dès le 23 décembre 1585) Mre Vidal Martin, juge-mage et Lenoir, greffier de la Sénéchaussée « pour répondre à la contravention faite par eux au contrat de pariaige », Vainement les officiers de la Sénéchaussée adressèrent au Roi une requête, déclarant « tenir comme trop favo-
« rables aux intérêts de l'évêque, dans le présent pro-
« cès, Monseigneur Renauld de Beaune, archevêque de
« Sens, et Monseigneur Martin de Beaune, seigneur du
« Puy, chancelier de la Reyne, conseiller au Conseil de
« Sa Majesté, amis de Monseigneur de Mende (1) ». Les relations personnelles d'Adam de Heurtelou le servirent heureusement auprès de la haute assemblée.

Les agents du clergé général de France intervinrent eux-mêmes en sa faveur (2); gardiens jaloux des privilèges ecclésiastiques, ils déclarèrent que « si le siège de
« Sénéchal, demeuroit estably en la ville de Mende,
« oultre l'intérest et dommaige qu'il est notoire à ung
« chascung qu'un tel établissement apporteroit à ladite

---

(1) « Requête adressée au Roi et à son conseil par les Officiers de la Sénéchaussée ». (Arch. départ. Lozère, Série G. 917, inédite .

(2) Voir, (pièces justificatives), un document intitulé : « Moyens d'intervention que mettent les agents du Clergé général de France au procès pendant au Conseil entre Messire Bertrand d'Angles, syndic de l'Eglise et clergé de Mende, et Maître Vidal Martin, juge-mage en la Sénéchaussée nouvellement érigée à Mende ». (Arch. départ. Lozère, Série G. 917, inédit).

« Esglise, évêché et clergé de Mende, *il feroit ung*
« *extrême préjudice à tout le général du clergé de ce*
« *Royaume, parce que tous les contrats et pariaiges que*
« *les aultres esglises ont, pourroient, à l'imitation et en*
« *conséquence d'ung tel arrest estre altérés ;* » et, rele-
vant nettement une contradiction évidente, ils ajou-
« tent : « *si jamais chose fut faicte artificiellement, c'est*
« *l'édict de création dudit siège, d'autant que, prima*
« *fronte, il semble que cet édict ne veuille aulcunement*
« *préjudicier au droict de pariaige, ny à ce que est des*
« *droicts de l'Eglise ; et néantmoings, particulièrement il*
« *ne faict aultre chose que préjudicier audict pariaige.* »

Le 17 décembre 1587, le Conseil prononce enfin son
arrêt (1). Il casse et déclare nuls les arrêts donnés en
la cour du Parlement de Toulouse, car le roi lui avait
fait « expresses inhibitions et défenses de prendre aucune connaissance du procès et différend des partis ».
Bien qu'il n'y ait pas lieu de supprimer la Sénéchaussée,
il convient cependant de défendre à ses officiers « d'en-
« treprendre aulcune chose, tant sur les droits particu-
« liers dudict évesque et justice qu'il a en ses terres
« particulières et ceux de son clergé, que sur ceux de
« la juridiction commune du baillage de Gévaudan, tels
« qu'ils sont portés par ladite charte de Philippe le
« Bel.... Ordonne donc Sa Majesté que ladite jus-
« tice commune sera exercée sur toutes personnes tant

---

(1) Voir, pièces justificatives, « l'Arrêt donné en Conseil d'Etat, le
17 décembre 1587, pour le règlement des juridictions du Sénéchal de
Mende et du bailly, et tenue des Estats particuliers du diocèse de Gévaudan. » (Arch. départ. Lozère, Série C. 794, inédit).

« ecclésiastiques, nobles que roturières, comme elle
« avait accoustumé avant l'érection dudit Sénéchal ;
« réserve à Sa Majesté le ressort de souveraineté ;
« *ordonne qu'en l'assemblée des Estats du pays de Gé-*
« *vaudan, ledit Evesque de Mende, chef du clergé, et en*
« *son absence, son vicaire général y présideront. Et si le*
« *Sénéchal ou son lieutenant, par ordonnance de Sa*
« *Majesté, y aura quelque chose à proposer, il aura séance*
« *séparée suivant son rang et qualité, pour, ladite pro-*
« *position faicte, laisser aux députés desdits Estats la*
« *délibération.* » Le greffier de la cour commune adres-
sera lui-même la lettre de convocation aux membres
des Etats, comme par le passé. Quant aux appels des
arrêts rendus par les juges particuliers sur les terres
communes, ils seront « relevés pardevant le juge de la
« cour commune, et, en cas d'appel de luy, sera, sui-
« vant le Pariaige, au choix des parties, de les relever,
« ou pardevant ledit Sénéchal, ou en la cour du
« Parlement de Toulouse ». Les appellations des officiers des terres propres au roi ou à l'évêque ressortiront
au Sénéchal de Mende, comme établi au lieu et place
de celui de Nîmes et Beaucaire, et, en dernier appel, au
Parlement de Toulouse. Les revenus attribués par les
ordonnances aux juges présidiaux appartiendront au Sénéchal ; il appréciera la compétence ou l'incompétence
des prévôts des maréchaux, et jugera en dernier ressort
les procès instruits par eux. La police proprement dite
est exclusivement reconnue au juge de la cour commune. « *L'assiette et despartement des deniers levés en*
« *vertu des commissions royales ou des mandements et*
« *ordonnances des trésoriers de France, seront faits par*
« *celui à qui elles seront adressées, défendant expressé-*

« *ment de lever aucune somme sans ses lettres de procu-*
« *ration* ». Les officiers de la Sénéchaussée, de la cour
commune, des bail'ages-épiscopal et royal, seront tenus
d'observer cet arrêt ; le roi leur enjoint de « *se compor-*
« *ter duement et modestement les uns envers les autres,*
« *sous son obéissance.* »

Cette déclaration est donc, à vrai dire, la confirmation du Paréage par Henri III ; les principaux privilèges
épiscopaux y sont successivement reconnus et sanction-
nés par l'autorité royale. La Sénéchaussée de Mende,
il est vrai, est maintenue, mais à la place de la Sénéchaussée de Nîmes ; il n'y a donc pas eu création,
mais seulement « éclipsement de l'ancien siège ». L'E-
vêché ne fut qu'à demi satisfait, car il désirait moins un
rappel au respect de ses prérogatives que la disparition
même du nouvel office, gênant son influence en Gévaudan. Aussi ne cessa-t il de travailler à sa suppression
avec une ardeur fiévreuse sans cesse stimulée par les
excès de M. de Saint Vidal.

Ce fut, en effet, sous sa haute surveillance, que se fit la
rédaction des Cahiers de doléances (1) apportés aux Etats-
Généraux de Blois (fin de l'année 1588), par les députés
du diocèse, chargés de « supplier humblement Sa Majesté de vouloir supprimer le nouveau siège de Sénéchal ». Nous avons eu l'heureuse fortune de retrouver
aux Archives départementales de la Lozère les instructions qui leur furent données à ce sujet (2) : ce sont

_____

(1) Voir plus loin le chapitre V.

(2) Archives départementales de la Lozère, Série G. 918, inédits.
Voir les pièces justificatives.

trois mémoires, très précieux pour l'étude des institutions gévaudanaises à cette époque, et respectivement
intitulés :

1° « Mémoire des raisons pour obtenir la suppression
de la Sénéchaussée ».

2° « Mémoire sur l'union des sièges de Bailly et de
Sénéchal ».

5° « Mémoire des provisions nécessaires à obtenir
pour l'observation du Paréage et la contravention aux
droits d'iceluy ».

1° Les raisons qui militent en faveur de la suppression
de la Sénéchaussée de Mende sont nettement stipulées
dans le premier de ces documents : « Considérant
« les maux que le changement d'un bon et ancien
« ordre introduit en la justice, la multitude d'of-
« ficiers en icelle, l'érection et création de nouveaux
« sièges, la diversité des degrés de juridiction et
« la vénalité qui s'y est mêlée apportant les foules
« et oppressions que le peuple en reçoit, les concus-
« sions qui se commettent par ce moyen et les autres
« malheurs qui s'ensuivent, mesme les impositions que
« le roi est contraint mettre sur son peuple pour le
« paiement des gages de tant d'officiers.... Sa Majesté
« s'est résolue à la suppression d'une infinité d'offices,
« ensemble de tout nouveaux sièges érigés, mesmes
« depuis les derniers Estats tenus à Blois, pour quel-
« ques considérations que les créations en aient été
« faites. Et combien que, par ce moyen, le Sénéchal
« érigé en la ville de Mende demeure supprimé, toute-
« fois il y a de particulières raisons pour la suppression
« dudit siège, qui ne sont communes aux aultres et sur
« lesquelles il importe infiniment pour le bien du pays

« qu'il y en ait une particulière déclaration, comme es-
« tant plus nécessaire que tout autre dans ce royaume
« pour le bien de cest diocèse, et sans laquelle il ne peut
« s'ensuivre que la totale ruyne d'iceluy.... » Cette érection fut « poursuivie en 1583, par la seule affection de
« quelques particuliers qui, sous couleur de bien publicq,
« ne pensaient qu'à autoriser et couvrir du masque de
« justice les violences et oppressions qu'elles ont faites au
« peuple » (1) ; elle a d'ailleurs été imposée au pays en l'absence de l'évêque, car « l'évêché était alors en économat. »

Or les effets de la création de la Sénéchaussée ont tous
été contraires aux prétextes invoqués en sa faveur : (red-
dition de Marvejols et de Peyre aux catholiques, rétablissement de l'ordre en Gévaudan, atténuation des frais de
justice). Etrangère à la ruine des Réformés dans le haut Gévaudan, elle est aujourd'hui inutile. La confusion entre-
tenue par les officiers de la Sénéchaussée, qui « passent
par dessus les édits royaux », règne en maîtresse dans
la contrée (2). « Fut-ce une cour suprême, les dépenses
« de justice ne seraient si grandes, ce qui apporte au
« peuple encore plus de ruine. (Par l'édit de création
« il y a plus de douze officiers pour l'entretènement des-
« quels il fauldraii toute une province). »

_____

(1) A rapprocher de la lettre du cardinal d'Armagnac mentionnée plus
haut, page 32, note 2.

(2) « Comme s'ils étaient roys, ils ont fait des impositions incroya-
bles ; même en l'année quatre-vingt-cinq qui fut la première de leur
establissement, ils firent une imposition de plus de cinquante-sept mil
escus, sans aulcune commission du roi, se saisirent de la ville, dressèrent
une citadelle, et à main armée, avec les forces qu'ils avaient, firent plutôt
la guerre aux catholiques et bons sujets du Roy qu'aux hérétiques. »
(Arch, départ. Lozère, G. 918, inédit).

Les députés demanderont la simplification de l'organisation judiciaire du Gévaudan : « que le *baillage de*
« *la cour commune connaisse des appels des causes des*
« *domaines particuliers de l'évêque et du roi ;* car ce se-
« rait plus utile au Roy et à l'Eglise et de plus grand
« soulagement au pays. Et en cela, le Roy y a plus de
« commodité parce que ses terres propres (Marvejols et
« Chirac), sont du tout ruynées et rayées, et celles de
« l'Eglise sont encore en leur entier ; ce serait une grande
» commodité à tout le pays et soulagement en la justice,
« sans qu'il fust besoing de recourir à ce nouveau siège,
« lequel a   porté une trop grande altération au pays
« et causé sa ruyne. » Tels sont les principaux motifs invoqués en faveur de la suppression de la Sénéchaussée.

2° Prévoyant l'opposition de M. de Saint-Vidal et de
ses officiers, soutenus par le puissant parti des Ligueurs, les députés (si le projet précédent est re-
jeté), devront solliciter du Roi « *l'union du baillage et*
« *de la Sénéchaussée.* S'il intervient quelques difficultés,
« sur lesquelles on tâche de persuader au roi et aux
« Estats qu'il n'y a lieu de supprimer la Sénéchaussée,
« comme il est du tout certain que ceux qui ont pour-
« suivi l'érection useront de tous les artifices dont ils
« pourront aviser, soit par faveur ou aultrement, pour
« empescher ladite suppression, — (leur principal pré-
« texte sera que ce n'est point proprement une nouvelle
« création, mais seulement un éclipsement de la Séné-
« chaussée de Nismes, laquelle s'étendait auparavant à
« ce diocèse, et par conséquent, qu'il est meillenr de
« maintenir ce nouveau siège que non pas, par sup-
« pression, remettre ce diocèse en la Sénéchaussée de
« Nismes, qui est ville occupée par les hérétiques), —

« à cela sera répondu que le pays est trop petit et trop
« pauvre pour supporter cette nouvelle création . ».

Mais les auteurs de ce mémoire prévoient une plus
grave objection : par les édits du Roi, (notamment l'édit
de Crémieu) la connaissance de beaucoup de causes,
enlevée aux baillages. est cependant attribuée aux sé-
néchaux. « A cela sera répondu doublement : 1° La *ju-*
« *ridiction du baillage est soutenue par un contrat fait*
« *entre le Roi et l'Eglise, et auquel lui et ses successeurs*
« *sont obligés, sans en pouvoir déroger par édit ni autre-*
« *ment,* comme il est dit par exprès. — 2° Après l'édit
« de Crémieu, sur lequel ledit Sénéchal prend son fon-
« dement, *le roi a fait déclaration expresse qu'il entendait*
« *n'y avoir compris les justices qui sont en pariaige*
« *entre lui et l'Eglise,* ou aucun seigneur de son
« royaume, mêmement celles auxquelles il est obligé
« par contrat de confirmations de ses prédécesseurs et
« siennes : joint que toujours les premières raisons de-
« meurent pour soutenir la suppression. »

Mais, allèguera-t-on, tout le diocèse n'est pas du ressort
du baillage : il y a des terres propres au roi, il y a des
terres propres à l'évêque qui ressortissent, en appel, au
Sénéchal et non au baillage, ainsi que l'a fixé le Paréage ! « A cela, sera aussi doublement répondu : 1° On
« peut dire cette même raison pour ledit Sénéchal
« parce que la baronnie de Mercure qui est une des
« plus riches du pays, et où il y a deux belles villes,
« Salgues (1) et le Malzieu, sont aussi éclipsées du Sé-
« néchal, voire même du ressort de Thoulouze ; et en

(1) Le canton actuel de Saugues fait partie du département de la
Haute-Loire.

« conséquent, cette raison qui est commune n'est con·
« sidérable, si ce n'est pour donner d'autant plus de
« de couleur à la suppression, *parce que le reste du*
« *pays a d'aultant moins de moyens de supporter cette*
« *nonvelle création à cause de la diversité des degrés*
« *de juridiction et de la multitude des officiers.* — 2°
« Par le même Pariaige il y est pourvu, en ce que par
« iceluy il est commis à l'appelant des terres propres
« de relever nûement en la Cour (de Parlement de Tou-
« louse). Mais, quand cela ne suffirait pas, il serait plus
» *utile au Roi et à l'Eglise et de plus grand soulaigement*
» *au pays, qu'il plust au Roi communiquer ses terres*
« *propres au bailliaige par appel, et l'évesque de mesme*
« *les siennes, ad instar des terres communes, et de le*
« *relever nuement en la Cour* (1). » Les députés feront
aussi valoir l'état déplorable des domaines royaux autrement ravagés que ceux de l'Eglise. Enfin, « pour
« maintenir ung chacun en ses droits, qu'il plaise au
« Roi de conjoindre ces deux justices, et des deux siè-
« ges n'en faire qu'ung seul, composé du Sénéchal, qui
« tienne aussi l'office de Bailly, donnant le nom au
« siège, tel qn'il lui plaira, soit de baillage, soit de Sé-
« néchaussée, de deux magistrats de robe longue qui y
« sont, de deux ou trois conseillers au plus, d'un avo-
« cat ou procureur du Roy, des deux greffiers qui sont
« aux deux sièges ; — à la charge que le Roy pourvoira
« à une partie des offices, et l'Evesque à l'autre, — ou
« bien le Roy à tous, laissant toutefois la nomination

---

(1) Le Parlement de Toulouse.

« d'une partie audit Evesque, suivant les droits qu'il a
« par le Pariaige..... »

3° Si le Roi ne veut-accorder ni la suppression de
la Sénéchaussée, ni sa réunion au Baillage, *les députés
le supplieront de confirmer le Paréage, et de conserver
ainsi ses droits à l'Eglise.* C'est dans cette intention que
fut rédigé le dernier des trois mémoires (1).

Ces doléances ne furent pas sans influence sur les
volontés royales (2). Aux Etats de Blois, en effet, la
scission fut complète et définitive entre la Ligue et
Henri III. M. de Saint-Vidal s'étant ouvertement dé
claré pour la Sainte Union (3), le roi, faisant droit aux
remontrances de ses malheureux sujets de Gévaudan,
révoqua les pouvoirs du Sénéchal révolté (15 juillet
1589). (4)

Il était réservé au souverain restaurateur, à Henri IV,
de supprimer la Sénéchaussée elle-même, le jour où il

---

(1) De leur côté, les habitants de la ville de Mende adressèrent directement au roi une requête, le suppliant de les « exempter de la sub-
jection et du commandement du seigneur de Saint-Vidal ». « Doléances
des habitants de Mende au Roy Henri III ». (Arch. départ. Lozère, Série
C. 955, publiées par M. André dans les « Doléances du pays de Gévaudan », pp. 83 et suiv.)

(2) Voir, plus loin, le chapitre V.

(3) M. de Saint-Vidal adhère solennellement à la Ligue le 23 mars
1589. (Doc. inéd. sur les guerres de Religion en Gévaudan, tome III,
pp. 484 et suiv.)

(4) « Lettres patentes du roi Henri III, qui révoque les pouvoirs de
M. de Saint-Vidal » (15 juillet 1589. Ibidem, pp. 488 et 489). « Avis
de la révocation du Sénéchal de Mende » (Ibidem, p. 487). — M. de
Saint-Vidal fut tué en duel au commencement du mois de mars 1591
aux environs du Puy en Velay.

fut réellement le maître dans son royaume. Par ses
lettres patentes du 5 octobre 1600 (1), le roi reconnaît
que les officiers du baillage de Gévaudan ont « plei-
« nement et paisiblement jouy sans aucun trouble ny
« empeschement, des prérogatives conférées par le
« Paréage, jusqu'à la nouvelle érection, par laquelle
« cet ancien ordre auroit commencé d'estre perverty
« par la présence et support du Sénéchal lors esta-
« bly, lequel favorisé des troubles et guerres civiles,
« et estant d'ailleurs gouverneur dans ledit pays, sou-
« tenoit tellement les officiers de ladite Sénéchaussée
« en l'interruption dudit ordre et conservation de la ju-
« ridiction dudit baillage, qu'il en auroit éclaté plusieurs
« contestations dans notre dit pays ». L'arrêt du Conseil d'Etat du 17 décembre 1587, a été méconnu et violé
par les officiers de la Sénéchaussée qui n'ont cessé
« de continuer leurs usurpations ; ce que nous es-
« tant remontré par nos sujets, habitans dudit pays, et
« ayant mis en considération le notable intérêt que
« nous avions en la conservation et maintenue des an-
« ciennes justices de nostre Royaume, confirmées par
« tous les Roys nos prédécesseurs et par nous-même,
« *avons, par l'avis de notre conseil, supprimé la nou-*
« *velle Sénéchaussée, et ycelle réunie à celle de Nis-*
« *mes et Beaucaire,* dont elle auroit esté auparavant
« éclipsée, et ce faisant, ordonné que la juridiction au-

_____

(1) « Lettres patentes du Roy Henry IV » (Arch. départ. Lozère. Série G. 918, inédit. Voir les pièces justificatives).

« paravant attribuée à notre dit baillage de Gévaudan
« tant par les dites lettres de charte que par les édits
« et déclarations de nos feux Roys et prédécesseurs,
« seroit et demeureroit confirmée et continuée à tou-
« jours, à quoy nos officiers en ladite Sénéchaussée de
« Nismes auroient presté leur consentement, conformé-
« ment aux dites lettres de charte....... avons dit et
« déclaré, et de notre certaine science, pleine puissance
« et authorité royalle, disons et déclarons, *et nous plaist*
« *que nos dits officiers audit baillage de Gévaudan jouis-*
« *sent pleinement et paisiblement de tout le contenu aux*
« *dites lettres de charte, et aultres nos édits, déclarations*
« *et arrêts, selon leur forme et teneur, aultre que ceux*
« *qui ont esté donnés pendant les troubles, et à l'occasion*
« *d'yceux, au préjudice dudit contrat (Paréage) et aul-*
« *tres édicts et déclarations précédents lesdits troubles... »*

Les tentatives du prélat royaliste furent donc couron-
nées de succès. Mais le diocèse avait péniblement sup-
porté l'établissement de la Sénéchaussée : complète désorganisation judiciaire, imposition de nouveaux impôts,
telles en avaient été les conséquences immédiates (1). Et
cependant, cette création servit indirectement la cause de
la royauté légitime en Gévaudan, car elle attacha plus
étroitement encore l'évêque de Mende à la fortune du
roi de France.

---

(1) Voir les Cahiers de doléances du pays de Gévaudan , publiés
par M. André, pp. 107 à 123.

CHAPITRE V.

SOMMAIRE.

Les Etats particuliers du pays de Gévaudan tenus à Mende,
le 27 septembre 1588, pour l'élection des députés du pays
aux Etats Généraux de Blois.
Leur composition (absence des députés réformés et de la plupart des nobles).
Influence prépondérante d'Adam de Heurtelou.
Délibérations de l'assemblée sur les remontrances à présenter
à Sa Majesté relativement : 1° à la pacification du royaume,
2° à la nomination d'un nouveau gouverneur, autre que M. de
Saint-Vidal, 3° à la suppression de la Sénéchaussée, 4° à la
remise des tailles. — Les cahiers de doléances seront rédigés
par les commis et syndic du diocèse en présence de l'évêque.

La rivalité de l'évêque et du sénéchal se reflète nettement dans les décisions prises par les Etats particuliers du pays de Gévaudan tenus à Mende le 27 septembre 1588.

Henri III, retiré à Chartres depuis la triste journée des
Barricades, feignit de vouloir se concilier à nouveau le
parti ligueur. Dans cette intention, il signa l'Edit d'U-
nion et promit de convoquer prochainement les Etats
Généraux. Aussi, dès le 27 mai, annonçait-il officiellement au Parlement son désir de réunir à bref délai la
grande assemblée du royaume, afin de « réformer les
abus et d'assurer l'héritage de la couronne à un prince

catholique ». L'ordonnance de convocation fut publiée quatre jours plus tard, le 31 mai (1).

Les Etats particuliers du Gévaudan se tinrent dans la salle ordinaire de leurs séances, « aux maisons épiscopales de Mende », où ils élurent leurs députés le 27 septembre. (2)

Etaient absents ou ne s'étaient pas fait représenter.

Pour le Clergé : MM. de Sainte-Enimie, de Langogne, du Chambon et de Saint Jean.

Pour la Noblesse : (a) Les barons de Cénaret, de Randon et de Florac ;

(b) MM. d'Allenc, de Montauroux, de Mirandol, de Seveyrac, de Barre, de Gabriac, de Portes, de Servières, d'Arpajon et les consuls nobles de la Garde-Guérin.

Pour le Tiers Etat : Les consuls de Marvejols, de Chirac, de Florac, de Châteauneuf-de-Randon, le scindic d'Ispagnac, les procureurs de Sainte-Enimie, de Saint-Etienne de Valfrancesque, de Langogne, de la viguerie de Portes, de Barre et le procureur du mandement de Nogaret.

Cette constatation n'est pas sans intérêt, car parmi les députés absents (5) figurent tous ceux des Cévennes,

---

(1) Isambert, tome XIV, page 613.

(2) Le procès-verbal des Etats particuliers du Gévaudan a été transcrit par M. F. André dans les *Procès-verbaux des délibérations des Etats du Gévaudan,* tome I, pp. 210 à 228.

(3) Nous avons pu dresser la liste des députés absents en comparant le rôle de ceux qui assistèrent aux séances, au « rôle pour appeler les gens des Trois Etats au présent diocèse de Mende et païs de Gévaudan » (1563), publié par M. F. André dans les *Procès-verbaux des délibérations des Etats du Gévaudan,* tome I, pp. 10 et suiv. (Arch. départ. Lozère, Série C. 792). Voir aussi le rôle des Etats tenus en 1591. (Ibid. pp. 280 et 281).

dont nous aurons à indiquer plus loin la conduite politique. C'étaient donc des Etats exclusivement catholiques, par opposition aux Etats réformés du Bas-Gévaudan réunis à Florac au mois de juin de la même année. (1)

Voici la liste des membres présents : (2)

Pour le Clergé :

L'évêque de Mende, Adam de Heurtelou en personne.

Le chapitre de la cathédrale de Mende, représenté par Me Robert Leynadier, chanoine.

M. d'Aubrac, représenté par M. Jean Aldy, docteur.

M. de Paliers, représenté par M. Antoine Aldy, docteur.

Pour la Noblesse :

(a) Les barons :

M. d'Apcher, en personne.

M. de Peyre, en personne.

M. de Canillac, représenté par noble Jean Despinasse, sieur des Salelles.

M. de Mercœur, représenté par noble Claude Augirand, sieur de Bénistant.

M. du Tournel, représenté par noble Pierre de Reth, sieur de la Fage.

(b) Les nobles proprement dits :

M. de Saint-Alban, commis des nobles, représenté par Me Hugues Syméon, docteur en droit.

---

(1) Voir, plus loin, le chapitre VIII.

(2) Dans le procès-verbal des Etats particuliers du Gévaudan de 1588 (pp. 212 et 213), la liste des membres présents est confuse : les députés y sont mentionnés pêle-mêle, tandis qu'ils le sont, au contraire, suivant leur rang, dans la grande majorité des autres procès-verbaux. D'ailleurs, ce document paraît avoir été rédigé à la hâte.

M. de Montrodat, en personne.

Pour le Tiers-Etat :

MM. Paul Albaric, docteur en droit, et Robert Vanel, marchand, premier et second consuls de Mende.

M. Antoine Fage, pour le consul de la Canourgue.

M. Jean Hermet, consul de Saint-Chély d'Apcher.

M. Chabanel, docteur, consul de la ville de Saugues.

M. Pierre Gibelin, consul de la ville du Malzieu.

Les représentants de la Noblesse étaient donc absents pour la plupart. Des huit barons, deux seulement assistèrent en personne à l'assemblée, les seigneurs d'Apcher et de Peyre; encore paraissent ils ne s'y être rendus que pour gêner ses délibérations par leurs querelles de personne (1). Quant au marquis de Canillac, il servait, à cette époque, dans les armées de la Ligue. Parmi les nobles proprement dits. deux députés sur douze sont

---

(1) La séance du matin fut presque tout entière absorbée par un différend entre ces deux seigneurs, « pour raison de leur séance aux Etats ; « d'autant que le sieur de Peyre qui prétendait devoir précéder ledit « sieur d'Apcher a protesté de ne vouloir assister aux séances, et d'a- « voir recours où il appartiendra. Et au contraire, ledit baron d'Apcher « a insisté et dit que, suivant l'ancien ordre et coutume, il a toujours « précédé le baron de Peyre aux Etats, et que c'est chose fort notoire « et cogneue en ladite assemblée. Ladite assemblée, après avoir dé- « libéré sur ce différend a conclud que ledit sieur baron de Peyre seroit « prié se contenter d'avoir séance après ledit sieur baron d'Apcher, sans « préjudice de ses droits et protestations, et sans conséquence pour l'a- « venir, sauf a y estre pourveu à la prochaine assemblée des Etats, « après avoir veu les anciennes pancartes du païs, que ont demeuré « perdues depuis la prise et occupation de ceste ville de Mende par les « ennemis (Merle), et desquelles, à ceste fin, M. le Scindic procurera le « recouvrement ». L'affaire est donc renvoyée à la prochaine session. F. André, *Procès-verbaux des Etats du Gévaudan*, tome I, pp. 213 et 214.

présents, au nombre desquels figure le procureur de
M. de Saint-Alban, qui s'empresse de protester, au nom
de ce dernier, « de ce qu'il n'est pas reçu au rang
des barons ». La majorité des nobles restait indifférente
aux affaires du « pays ». Les troubles entretenus par
la guerre civile n'assuraient-ils pas l'impunité à leurs
perpétuelles exactions ? L'influence pacificatrice du prélat royaliste sur les Etats n'en était d'ailleurs que moins
entravée.

Dès l'ouverture de la session, Me Jean Dumas, juge au
bailliage du Gévaudan, informe officiellement l'assemblée de la convocation des Etats-Généraux, dont le bailli
a reçu notification par quatre lettres closes. Le roi
ordonne au bailli, son commissaire ordinaire, de réunir les Etats du pays de Gévaudan pour la rédaction des remontrances, plaintes et doléances à sou-
mettre à l'assemblée de Blois, et « y faire enten-
« dre ce que leur semblera propre et commode pour
« la restauration de la religion catholique et la conser-
« vation de l'autorité souveraine de Sa Majesté en sa
« pristine dignité et splendeur ». Trois députés seront
élus (un de chaque ordre), par les Etats (1). « A quoy
« ledit sieur juge a exhorté l'assemblée de *satisfaire*
« *sans auculne passion ny affection particulière,* selon

---

(1) Chaque ordre dut « fournir aux frais nécessaires au voyage de
ses députés séparément ». Cependant, vue la ruine du pays, le commissaire des Etats « sera prié d'imposer sur tout le païs et pour pour-
voir à sa défense, la somme de 4,000 escus, ... *sur laquelle somme
sera pris ce qui sera nécessaire pour le voyage des députés du Tiers* ».
(Procès-verbal ibid. pp. 220 et 221).

« l'intention de Sa Majesté contenue et particulièrement
« exprimée ès dictes lettres, de chascune desquelles a
« esté faicte lecture à haulte et intelligible voix par le
« greffier des Etats ».

Adam de Heurtelou présidant, selon la coutume, aux
délibérations des Etats, prononce une courte harangue : il remercie le Roi « du bien inestimable qu'il
« lui a plu de faire à ses bons et loyaux sujets, notam-
« ment à ceulx de ce païs affligé et accablé, et depuis
« si longtemps, de toutes sortes de misères, voulant par
« le moyen des Estats Généraux entendre leurs justes
« plainctes et doléances, afin d'y pourvoeir par son
« accoustumée prudence et bonté ». Et l'évêque royaliste
de presser les députés de rester soumis à l'autorité
royale, « sans aucune passion ny affection particulière,
« pour le bien de son service, du publicq, de ce royaulme
« et surtout de ce païs ».

Sur la demande du syndic M. de Chanolhet, le juge-
commissaire quitte la salle des séances afin d'assurer la
liberté de la discussion. Après que le greffier a donné
lecture « du rolle de ceux qui ont voix délibérative aux
« Estats », les membres de l'assemblée, à la requête
de l'évêque, prêtent « le serment accoustumé d'estre
« toujours fidèles au Roy et ses obéissans sujets ».

La séance de l'après midi fut tout entière consacrée
à l'étude des plaintes et doléances à adresser à Henri III.
L'évêque en fait un rapide exposé :

1° Après « une longue et meue délibération », les
Etats déclarent que l'hérésie est la cause principale de
la ruine actuelle de la France, « de quoy ce pauvre
« païs, autant que nul autre du royaume, a fait l'expé-
« rience, pour les actes inhumains, volleries, rançon-

« nements et aultres maléfices et violences que la guerre
« y a exercés, depuis vingt-huict ans, avec une telle
« continuation qu'il ne s'en peult veoir ung plus misé-
« rable et désolé ». Aussi les députés supplieront ils le
Roi, « pour prévenir l'entière perte du païs. . . . . d'a-
« cheminer une bonne et sainte pacification en son
« royaume, pourvu qu'elle puisse estre à l'honneur et
« gloire de Dieu, maintien de son saint nom et de la re-
« ligion catholique, apostolique et romaine, et de l'estat
« royal »

2° La seconde requête sera relative à M. de Saint-
Vidal, gouverneur du Gévaudan. Depuis sa nomination,
c'est-à-dire depuis dix ans environ, ledit baron a
eu tant d'occupations en son gouvernement du Velay
qu'il lui a toujours été « malaisé et quasi impossible
« de secourir le Gévaudan . . . . . . ; ce qui a esté
« l'une des causes que les hérétiques y ont pris si grand
« pied et avantage, voyant esloigné celuy qui en avait
« la charge et protection sous l'autorité de Sa Majesté ;
« et cela mesme pourra faire perdre ledit païs entière-
« ment s'il n'y est promptement remédié ». Aussi les
députés devront-ils « supplier » Henri III de nommer
un nouveau gouverneur. On remarquera que les Etats
évitent de faire la moindre allusion aux vexations de
M. de Saint-Vidal ; c'eût été maladroit au moment même
où l'assemblée décidait, pour éviter de plus grands
malheurs, de le prier de se « demettre volontairement
du gouvernement du Gévaudan ».

3° Le roi sera aussi invité à supprimer la sénéchaussée, « tant à cause de la diversité des juridictions, —
« qui sont le siège du bailliage et celui de la sénéchaus-
« sée, lesquels pour estre en pareil degré de ressort

« travaillent toujours à conserver leur autorité, dont le
« pauvre peuple est grandement molesté, — que des
« dépenses imposées par cette création audict païs, qui,
« oultre son indicible pauvreté est si petit et le peuple
« tellement diminué par la peste, qu'il ne peult sup-
« porter tant d'officiers nouveaux, étant assez chargé
« de ceulx des justices ordinaires et dudit ancien siège
« de bailliage, auquel lesdits ordinaires ressortissent
« par appel, et ledit bailliage en la Cour de Parlement
« (de Toulouse) ». La personnalité de M. de Saint-Vidal
est donc toujours très habilement laissée de côté. Ainsi
la rivalité de l'évêque et du sénéchal paraissait plus
étroitement subordonnée à l'intérêt général du diocèse.

4° Le Gévaudan a été contraint d'emprunter à gros
intérêts de fortes sommes d'argent « pour se conserver,
comme il l'a fidèlement faict jusqu'ici, en l'obéyssance
du Roy ». (1) Or ses habitants, trop appauvris par les troubles de la guerre civile, ont dû faillir à leurs engagements ; aussi sont-ils « journellement vexés et molestés...
« Qu'il plaise donc à Sa Majesté leur faire don et remise
« des deniers de ses tailles...... et ce, durant vingt
« années ».

L'assemblée ayant procédé à la nomination des députés aux Etats de Blois, (2) furent élus : pour le clergé,
Adam de Heurtelou « humblement et instamment prié
« faire tant de bien au païs que d'en prendre la
« charge », et pour le Tiers-Etat, MM. Jean Dumas, (3)

---

(1) Voir le chapitre VI, page 73.
(2) Ibid. p 66.
(3) Il en a été question dans notre étude du procès de la Sénéchaussée. Voir, plus haut, le chapitre IV, p. 40.

conseiller du Roi, juge au bailliage du Gévaudan, et Siméon, juge de la ville du Malzieu. Les nobles n'ayant pu s'entendre, l'assemblée décida « qu'ils adviseraient « à part d'en choisir et envoyer ung, tel qu'il leur « plairait » (1).

Les États particuliers du Gévaudan n'avaient été convoqués que pour élaborer les grandes lignes des doléances à présenter au roi et élire leurs représentants aux États Généraux. Leur mission brièvement remplie, ils se séparèrent après une seule journée de délibérations. (2) Mais les plaintes et remontrances devaient être minutieusement rédigées par les commis et syndic du diocèse, en présence de Monsieur de Mende. C'était s'en remettre à la sagesse épiscopale.

---

(1) Les causes précises de ce malentendu ne nous sont pas connues, nous pensons que la rivalité des barons de Peyre et d'Apcher n'y fut pas étrangère.

(2) On pourrait même dire : en une demi-journée, car ce fut seulement pendant la séance de relevée que furent traitées les questions importantes. « La tenue des Estats apporte frais et charges au pauvre peuple qui « est assez foulé d'ailleurs ». Proc. verb. des Etats du Gévaudan, p. 219, Les États nommèrent aussi la commission chargée de vérifier les comptes des receveurs du diocèse.

CHAPITRE VI

SOMMAIRE

Les députés du pays de Gévaudan aux Etats-Généraux de
Blois. Intérêt de l'étude du « Compte des dépenses de M. Decasalmartin, député du Tiers ».

Première requête adressée par les députés gévaudanais au
Conseil d'Etat, le 10 février : Réponses évasives ou négatives du Conseil.

Deuxième requête relative à la dette d'Auvergne et présentée
le 16 mai. — Nouvel échec.

Les députés élus le 27 septembre ne se rendirent
pas aux Etats-Généraux de Blois (1). Le clergé y fut
représenté par les chanoines Maubert et Leynadier (2)
et le Tiers-Ordre par M. Decasalmatin. (3).

---

(1) La présence de l'évêque dans son diocèse était nécessaire en ces
temps de troubles. Il avait d'ailleurs aux Etats un appui précieux en
la personne de l'archevêque de Bourges, Renaud de Beaune. Pourquoi
MM. Dumas et Syméon ne s'y rendirent-ils pas ? Nous l'ignorons.

(2) M. Leynadier avait représenté le Chapitre aux Etats du Gévaudan,
le 27 septembre 1588.

(3) Le 30 novembre 1588, « l'évêque de Mende, comte de Gévaudan,
« fit appeler M. Decasalmartin dans son palais, où étaient le syndic, M.
« de Chanolhet, et plusieurs autres notables de Mende, s'occupant de ce
« qu'estoit à faire aux Etats pour le pays de Gévaudan. *Et après long*
« *discours*, Monsieur de Mende interrogea M. Decasalmartin s'il voulait
« faire le voyage » ; sur sa réponse affirmative le nouveau député prit ses

M. F. André, dans ses *Documents sur les guerres de
religion en Gévaudan*, a publié le compte des dépenses
de M. Decasalmartin pendant son voyage et son séjour
à Blois. Grâce à ce précieux document, il nous est permis de suivre le malheureux bourgeois dans ses nombreuses mésaventures. (1)

Dès son arrivée aux Etats, il demande à être admis à
l'assemblée du Tiers ; mais on l'y reçoit difficilement,
car il est en retard de deux mois (2). Est-il autorisé à prendre part aux délibérations ? Ce ne sont aussitôt que gratifications et pourboires : un demi écu à

---

divpositions de départ. (Compte des dépenses du député du Tiers aux
Etats-Généraux de Blois, publié par M. F. André, dans ses *Documents
sur les guerres de Religion en Gévaudan*, t. III, p. 474).

Henri III avait déjà fait l'ouverture des Etats de Blois le 16 octobre.
Pourquoi ce retard dans l'envoi des délégués du Gévaudan ? Nous n'a-
sons sur ce point aucun renseignement précis

Nous n'avons pas trouvé d'indications sur la députation de la Noblesse ; il est donc probable que les nobles ne s'entendirent pas mieux
après les Etats particuliers que pendant les séances de l'assemblée dio-
césaine. (Voir, plus haut, le chapitre V, pp. 60 et 65).

Les députés des trois gouvernements de Languedoc, Provence et Dau-
phiné arrivèrent tous en retard.

(1) « Estat et compte de la despense faicte par moy Jacques Deca-
« salmartin, député du Tiers Estat du pays de Gévaudan et diocèse de
« Mende, au voyage des Estats généraux de France tenus dernièrement
« en la ville de Bloix, aux moys d'octobre, novembre et décembre en
1588 et janvier 1589 ». — F. André, *Doc. sur les guerres de religion
en Gévaudan*, t. III, pp. 473 à 483. (Arch. départ. Lozère, C. 1355).

(2) Le roi Henri III fit l'ouverture solennelle des Etats-Généraux le
16 octobre « par une harangue qu'il prononça avec beaucoup de grâce
« et de majesté ».

chacun des deux huissiers de la chambre du Tiers, deux écus au greffier, un écu au concierge, un écu au cou-vent des Jacobins où se « disent la messe et le sermon des Estats tous les dimanches et jours de fête ». (1)

Encore étaient-ce là des dépenses communes à tous les députés ; mais d'autres ennuis, (2) beaucoup plus gra-ves, attendaient M. Decasalmartin : à peine les délégués gévaudanais sont-ils à Blois, que ceux de Clermont et autres villes de la basse Auvergne s'empressent de les assigner à comparaître devant M. de Maysse, con-seiller au Conseil d'Etat, pour le payement des vingt-trois mille écus avancés par ces localités au diocèse de Mende, lors du passage de l'armée de Joyeuse ; ceux-ci, inflexibles, requièrent même la contrainte par corps. Les parties avaient rédigé respectivement l'exposé de leurs cause, quand M. de Maysse dût quitter Blois à la hâte. M. Decasalmartin fut alors fort en peine de « recouvrer son sac » ; il le trouva cependant, mais entre les mains d'un clerc qui fit de grandes difficultés pour le lui re-mettre, « auquel, ajoute le député, j'ay payé pour son vin une pièce de vingt sols tournois ». M. Faulcon, seigneur du Rey, premier président au Parlement de Bretagne, ayant été chargé d'instruire l'affaire, reçut à son tour l'ordre de partir immédiatement pour Rennes. Le délégué du Gévaudan, toujours en quête de son sac, le découvrit chez l'hôte du premier président, un or-fèvre de Blois, qui le rendit librement au greffe (nou-veau pourboire). Le Conseil d'Etat fut saisi à deux re-

---

(1) Compte de J. Decasalmartin, ibid. p. 476.

(2) Compte de J. Decasalmartin, ibid pp. 477 et 478.

prises (1) des doléances du pays de Gévaudan, mais
M. Decasalmartin, « faute d'argent, ne put voir la fin
« de l'affaire. Et sur ce, déclare-t-il laconiquement,
« me suis résolu de m'en venir ». (2)

Toute une escorte de créanciers l'accompagna en Gévaudan : un chanoine de Béziers, un notaire de Caux,
un Montpelliérain et d'autres encore du Languedoc
qui lui avancèrent seize écus « pour despendre par les
« chemins et porter ses hardes, lorsqu'il ne pouvait
« trouver monture de louage ». Ces compagnons de
route séjournèrent à Mende jusqu'à l'entier remboursement des deniers prêtés ; si faible était le crédit du
pays de Gévaudan et de ses représentants ! (3)

Ce n'est pas cependant que les frais de séjour de
M. Decasalmartin aient été excessifs : les trois députés,
(les deux chanoines et le bourgeois), avaient loué une
chambre commune où ils « faisoient leurs dépenses du
« mieux qu'il leur étoit possible ». (4) Jugez plutôt :
« un jour portant l'autre », leur entretien (nourriture,
chauffage et location) « compté par le menu, ne fut que
« de 50 sols tournois pour chaque homme ». (5) Au to-

---

(1) Le 10 février et le 16 mai 1589.   F. André, *Cahiers de doléances du pays de Gévaudan*, pp. 116 et 122.

(2) Compte de J. Decasalmartin, ibid. p. 481.

(3) Il avait emprunté 16 écus à « Messieurs Le Noir, chanoyne
de Béziers, Sévérac, notaire de Caux, et d'aultres ». Le syndic,
M. de Chanolhet, leur remit aussi 2 écus pour les dépenses de leur séjour à Mende où ils attendirent leur remboursement. — Compte de J.
Decasalmartin, ibid. p. 473.

(4) Compte de M. Decasalmartin, ibid. p. 476.

(5) Ibid. p. 479. Environ 8 francs de nos jours.

tal, il dépensa cent quarante-cinq écus : (1) et le syndic du
diocèse ne lui en avait remis, à son départ, que quatre-
vingt-six ! (2) Quelle étrange impression dut produire
ce député royaliste, en contact journalier avec les Ligueurs tout puissants à Blois, promenant à travers la
France centrale et sur les rives fécondes de la Loire
la pauvreté gévaudanaise ! Vivante personnification du
pays qui l'avait délégué !

Les tentatives des représentants du diocèse de Mende
ne furent d'ailleurs pas heureuses. L'assemblée, en
grande majorité ligueuse, exaltée par l'assassinat des
Guise, (23 décembre) fut insensible aux sollicitations
royales ; aussi Henri III se résolut il bientôt à la
congédier : les harangues de clôture furent prononcées
les 15 et 16 janvier.

Bien décidés cependant à faire entendre à qui de droit
leurs doléances, MM. Decasalmartin et Leynadier, d'un
commun accord, « présentèrent requête particulière à Sa
« Majesté et aux membres du Conseil d'Etat, laquelle,
« plusieurs fois faicte et refaicte, *fut communiquée à*
« *l'archevêque de Bourges*, et finalement réduicte à
« certains points concernant tout spécialement les

---

(1) La dépense totale monte à 385 écus ; mais il faut en retrancher la
somme de 240 écus que le député sollicitait pour « ses peines et va-
cations. . . . depuis le mois de décembre jusques à la fin de juillet, que
sont huit mois, à raison d'un écu par jour » ; reste donc, pour l'argent
dépensé en voyage, 145 écus. — Ibid. p. 482.

(2) Ibid. p. 473.

« affaires du païs ». (1) Ce document, dont le sommaire est inscrit dans le Compte de M. Decasalmartin, a été textuellement publié par M. F. André, (2) avec les annotations marginales du Conseil. Le roi est prié :

1° de faire la remise des tailles ;

2° d'autoriser le Gévandan « a fondre artillerie » ;

3° d'entretenir à ses dépens la garnison de Mende ;

4° de payer de ses recettes la dette d'Auvergne.

Les réponses du Conseil d'Etat, données à Blois le 10 février, furent évasives ou négatives :

1° Le trésor royal est trop appauvri pour satisfaire aux exigences du Gévaudan ; toutefois, les trésoriers généraux de France en Languedoc devront dresser « l'état des restes dûs et des assignations levées pour « les rapporter ; et ceci vu audit Conseil, estre pourvu « au soulagement et décharge des suppliants ».

2° Le roi leur accorde, il est vrai, le second de leurs desiderata.

3° Mais, « pour la nécessité de ses affaires, il se re« fuse à entretenir trois cents hommes de pied et cin« quante à cheval sur ses finances ordinaires ; que le « pays advise s'il ne peult, de lui même, faire quelque « levée extraordinaire de deniers dont il advertira

---

(1) *Intérêt que portait Renaud de Beaune à la ville de Mende.* — Il écrivait le 5 juin 1587, aux consuls de Mende : « J'embrasseray fort volontiers tout ce qui concerne votre bien et soulagement, comme j'ay toujours fait par le passé » (Lettre aux consuls de Mende. — Arch. de Mende, FF. 7. F. André, *Doc. sur les guerres de relig. en Gévaudan,* tome III, pp. 313 et 314).

(2) Doléances du pays de Gévaudan. — F. André, pp. 107 à 117.

« Sa Majesté, afin d'obtenir d'elle provision pour cet
« effet ». C'était demander l'impossible.

4° Le quatrième point était plus important. Le roi,
en 1585, avait accordé au Gévaudan la moitié des deniers de l'aide et octroi, pour douze années consécuti-
ves, afin de lui permettre de s'acquitter envers ses
créanciers (la basse Auvergne). Or, cette concession est
insuffisante, car l'entière levée des tailles ne saurait
être faite, « attendu le grand nombre des insolvables
« qui sont audit pays, les uns pour leur grande pau-
« vreté et impuissance, les autres pour estre hérétiques
« et rebelles à Sa Majesté ». Le Roi est donc supplié
d'accorder aussi l'autre moitié des deniers évaluée à
douze mille écus par an. Et le Conseil de déclarer que
« le Roy ne saurait, quant à présent, faire aucune re-
« mise, attendu le besoin qu'il a des deniers pour sub-
« venir à ses affaires ». Triste réalité ! Henri III ne
pouvait même plus solder les troupes nécessaires à sa
défense et au maintien de la paix publique (1).

_____

(1) *Les finances du royaume.* — Les finances royales avaient subi la
progression de la décadence de l'agriculture et du commerce ; à la fin
du règne d'Henri III, la dette publique était montée à 245 millions, (plus
d'un milliard aujourd'hui), somme prodigieuse pour ce temps et écra-
sante pour le gouvernement. En effet, comme les revenus n'étaient que
de 31 millions et comme l'intérêt de la rente était communément de
huit pour cent, il en résultait que près de la moitié de l'argent levé sur
le peuple, et destiné à défrayer tous les services publics, était absorbée
par les arrérages de la dette. Ce n'était là ni le seul, ni le plus grand
mal. Les finances étaient administrées avec tant de désordre, le produit
des impôts si fort diminué par les concussions, que l'épargne ou trésor public n'en percevait que la plus faible partie. Il résultait de là que

Mécontents de cette réponse, les députés renouvelè·
rent leur tentative (1) trois mois plus tard, le 16 mai
(à Tours) ; mais, cette fois, il ne fut question que de la
dette du Gévaudan, montant, en tout, à plus de cent mille
écus (2). Que le roi fasse au pays le « don entier des
« deniers de l'aide et octroi pour douze années, ou tout
« au moins jusqu'au complet payement des debtes. » Le
diocèse a emprunté vingt·trois mille écus à l'Auvergne
pour l'entretien des troupes de Joyeuse (1586) ; or ses
habitants surpris sur les confins de cette province sont

à tout instant, le gouvernement se trouvait dans l'impossibilité de faire
face à ses engagements ou aux plus indispensables dépenses. En 1581,
il avait cessé d'acquitter les rentes sur l'hôtel de ville de Paris, et fait
banqueroute aux créanciers de l'Etat. En 1589 il ne pouvait plus solder
ses troupes. (Poirson, *Histoire du règne d'Henri IV*, préface, p. XXIII).

(1) Requête publiée par M. F. André dans ses *Doléances du pays de
Gévaudan,* pp. 117 à 123 (Arch. départ. Lozère, G. 953 et 955).

(2) Dette contractée par le Gévaudan au pays d'Auvergne pour le
paiement de la solde des troupes de Joyeuse et de St-Vidal.
Les créanciers du Gévaudan étaient les « échevins de Clermont, le
« marquis de Canillac et plusieurs autres, pour la somme d'environ
« 60,000 escus (plus d'un million de nos jours), pour l'achat de vivres
« et aultres dépenses de ladite armée dont les payements sont escheus
« dès le premier jour de janvier dernier passé (1587) ; et en sont
« maintenant lesdits commis et depputés et particuliers plus aisés du-
« dit Gévaudan poursuivis et pressés de plusieurs rigoureuses exac-
« tions faictes sur leurs personnes et biens avec telle rigueur que les
« pauvres marchands de Gévauldan allant aux foires et aultres leurs
« négociations, sont arrestés et emprisonnés,.... et leurs biens adjugés
« auxdicts créanciers ». (Arch. départ. Lozère, C. 955. — *Doléances
du pays de Gévaudan*, 1587). Ont signé : Brugeyron, vic gén. ; Cha-
nolbet, scindic ; Cheminades, substitut du commis des nobles : Dero-
quoles, consul.

journellement emprisonnés, « dont il y en a déjà un
« grand nombre aux prisons de Clermont sans aucun
« moyen de les en pouvoir tirer ». Et cependant, le
Gévaudan ne saurait fournir les sommes (1) exigées,
car il est « accablé de pauvreté ;. . Que Sa Majesté
« prenne donc à sa charge le payement des écus
« empruntés, ou du moins, y fasse contribuer les pays
« limitrophes (la basse Auvergne, le Velay et le Rouer-
« gue), qui ont retiré autant de fruict et de commodité
« de la réduction de Marvejols que le Gévaudan ». Le
Conseil d'Etat fut d'avis de renvoyer les suppliants aux
président et trésoriers généraux de France à Riom, actuellement transférés à Clermont, et de charger ces derniers d'étudier « quel usage avait été faict des vingt-
« trois mille écus... et d'en donner connaissance à Sa
« Majesté pour y être par elle pourvu... » Toutefois, le
Conseil accorde au Gévaudan un sursis de quatre mois,
avec défense à ses créanciers de tenter aucune poursuite ni contrainte.

M. Decasalmartin ne se pressa pas de « lever l'arrêt » ;
et cela, pour deux raisons (2), (la première, hélas ! eût
suffi) : « Je n'avais pas d'argent », dit-il, et il ajoute
(car le madré avait fait ses classes) : « Je pense que
nemo tenetur arma ferre contra se ». Découragé, (3) il

---

(1) Voir, plus loin, (pièces justificatives du chapitre I), les comptes
rendus par M. Parat, commis du receveur du diocèse. Inédit.

(2) Compte de M. Decasalmartin, ibid. p. 480.

(3) Les députés du Gévaudan « n'ignorent pas, en effet, que M. Sa-
« varon, procureur de la Basse Auvergne, poursuit actuellement l'exé-
« cution de l'arrêt du conseil ; et est bien à craindre, déclare M. De-

s'en retourna à Mende (fin juillet), où l'avait précédé le chanoine Maubert, parti de Blois le 31 janvier.

Les députés du Gévaudan ne paraissent pas s'être plaints au Conseil d'Etat du baron de Saint-Vidal : les questions financières n'étaient elles pas encore plus importantes ? D'ailleurs l'attitude du Conseil à leur égard n'était certes pas une invitation à la poursuite de leur requête. Il est toutefois certain que le roi fut personnellement instruit des doléances formulées par le Gévaudan contre le gouverneur, (probablement par Renaud de Beaune lui-même). La rupture d'Henri III avec la Ligue, ayant enfin dissipé toute équivoque sur la politique de M. de Saint Vidal, le Roi, par la révocation du Sénéchal infidèle, ne tarda pas à donner sur ce point, entière satisfaction aux malheureux gévaudanais (1).

« casalmartin, que, faite la vérification, (*laquelle ils feront à plaisir de-*
« *vant les trésoriers d'Auvergne),* nous ne soyons condamnés à payer
« entièrement notre dette ».

(1) M. de Saint-Vidal adhéra solennellement à la Ligue le 23 mars 1589. Le roi, au camp de Pontoise, le révoqua de ses fonctions, le 15 juillet. (F. André, Doc. inéd. sur les guerres de Religion en Gévaudan, t. III, pp. 488, 489, c'est-à-dire le jour même du départ des députés de Tours pour Mende où la nouvelle de la révocation les suivit certainement de très près.

CHAPITRE VII

SOMMAIRE

La Ligue en Gévaudan.

Caractère fédéraliste et municipal de la Ligue en 1588.

Le Gévaudan reste fidèle, sauf dans sa partie septentrionale, à la royauté légitime.

De Saint-Vidal et d'Apcher, chefs des Ligueurs du Velay et du Gévaudan. (Le serment des Ligueurs du Puy).

Les Trois Ordres et la Ligue :

Le clergé soumis à l'évêque royaliste, Adam de Heurtelou.

La noblesse : adhésion à la Ligue des barons catholiques du Gévaudan septentrional.

Le Tiers-Etat : adhésion des localités dont ces barons sont les seigneurs directs.

Caractère féodal du mouvement ligueur en Gévaudan.

Henri III, par l'assassinat des Guise, avait rendu désormais impossible toute entente entre les deux factions catholiques. Dès lors, les trois grands partis dont les luttes devaient encore ensanglanter la France se dessinent avec précision : la Ligue, gouvernement ultramontain et municipal, sanguinaire et exclusif, — les Royalistes catholiques, soutiens de la monarchie héréditaire, pacifiques et négociateurs, — les Réformés, défenseurs jaloux de leur foi persécutée, liés à la fortune de leur coreligionnaire, Henri de Béarn.

Jusqu'à cette date, tout s'était passé au nom du roi : mesures vexatoires prises contre les Huguenots, levées d'impôts écrasants nécessaires à l'entretien des bandes armées qui pillent le royaume, inauguration de nouveaux offices en faveur des créatures des Joyeuse ou des Guise. Mais les secrètes intentions des Ligueurs étaient enfin apparues au grand jour. Dès le 18 mai 1588, Henri de Guise et les Seize avaient écrit aux « bonnes villes catholiques », les pressant de s'unir à la capitale « comme les membres à la tête » et d'élire des députés « fidèles et bien instruits pouvant se conjoindre avec ceux de Paris ». La Bourgogne, le Lyonnais, l'Orléanais et d'autres provinces prirent les armes pour porter le dernier coup à la royauté chancelante exilée à Chartres. Surrexcitée par le meurtre de ses chefs, la Ligue s'organise définitivement en février 1589, et les Seize paraissent alors toucher au but proposé par eux aux villes de France : un gouvernement de municipalités confédérées sous la direction de Paris. Ainsi s'affirmait nettement le caractère fédéraliste de la Ligue, où l'initiative était passée de l'élément féodal à l'élément municipal, qui « étouffé par la monarchie réagissait avec passion sous « la forme ligueuse ». C'est là le secret de la popularité de la Sainte-Union au début de l'année 1589.

Or les mêmes causes générales qui avaient hâté le succès des Seize dans presque toute la France expliquent, en partie, l'attitude réservée du Gévaudan. La majorité des habitants du diocèse de Mende, dociles à leur évêque royaliste, fatigués par la guerre civile (1) et

_____

(1) Voir, plus haut, les chapitres I et II.

décimés par les fléaux de la famine et de la peste, étaient peu disposés à s'insurger contre la monarchie. La population gévaudanaise vivait très clairsemée dans les campagnes : Mende, ravagée par Merle en 1580, comptait à la fin du xvi° siècle environ 3,000 âmes, que la contagion réduisit encore à près de 2,000 en moins de deux années ; Marvejols était déserte : et c'étaient là les seuls centres urbains de quelque importance ! (1) Or les promesses des Seize étaient toutes pour les villes ; les chefs de la Ligue berçaient les campagnes de vagues paroles auxquelles les rusés et pratiques montagnards restèrent pour la plupart insensibles : la prudente politique d'Adam de Heurtelou leur parut offrir au pays des garanties autrement sûres de pacification et de relèvement. Aussi restèrent-ils fidèles au serment prêté par eux en décembre 1587, de mourir au service de la royauté, et « d'employer leur vie à empêcher les entreprises de ses ennemis » (2). Dès les premiers mois de l'année 1589, les deux factions catholiques prennent donc position en Gévaudan, les Ligueurs avec M. de St-Vidal, et les Royalistes sous la direction d'Adam de Heurtelou, tandis que les Réformés des Cévennes, alliés de Montmorency, sont toujours les fidèles soldats du Roi de Navarre.

Quoique peu nombreux, les Ligueurs gévaudanais

(1) Sur la dépopulation en Gévaudan à cette époque, voir, plus haut, le chapitre I, et, à la fin du volume, les pièces justificatives.

(2) Lettre d'Adam de Heurtelou au Roi, 25 décembre 1587. — *Doc. sur les guerres de Religion en Gévaudan*, tome III, p. 306. (Arch. départ. Lozère, C. 1797).

n'en forment pas moins un parti redoutable par le caractère même de ses chefs, de Saint-Vidal et d'Apcher.
Le baron de la Tour Saint-Vidal s'était de bonne heure
jeté dans la faction des Guise : (1) obéissant d'abord à cet
ardent désir de vengeance d'un seigneur montagnard
lésé dans ses droits par les coups hardis de quelques
bandes de « pillards huguenots », il avait bientôt cédé
au courant d'indépendance nobiliaire des gouverneurs
et lieutenants généraux de province. Révoqué par
Henri III, le 15 juillet 1589, (2) il fut maintenu dans ses

---

(1) Voir, plus haut, le chapitre III.

(2) « Nous révoquons.... tout pouvoir, autorité et commandement
« que le sieur de Saint-Vidal avait de nous en ce païs, par nos lettres
« de provisions, de commission ou aultrement, en quelque sorte et ma-
« nière que ce soit » ; toute personne qui lui obéira sera passible « de
« la confiscation de corps et de bien » Le bailli et autres officiers
royaux du Gévaudan devront faire enregistrer, lire et *publier l'acte de
révocation « partout où besoin sera, même à son de trompe et cri publie »*,
afin que nul n'en ignore, et cela, bien que les lettres patentes n'aient
pas encore été publiées en Cour de Parlement. Le roi autorise donc et
valide l'acte de ses officiers en Gévaudan « tout ainsi que si faict
« avoit esté par notre dicte Court, attendu qu'elle n'est encore séante
« au lieu où notre autorité soit recogneue, et que l'affaire requiert cé-
« lérité ». (15 février 1589. — *Doc. sur les guerres de religion en
Gévaudan*, t. III, pp. 488 et 489). Ces derniers mots sont une allusion
à la prochaine création du Parlement royaliste de Carcassonne, dont les
arrêts seraient applicables dans la partie du Languedoc soumise à Montmorency, gouverneur royal. Le roi, informé de la mort du président
Duranti, donna des lettres, dès la fin février, pour l'installation d'un Parlement royaliste en Languedoc, « dans telle ville du ressort qu'il avi-
serait ». (Dom Vaissette, édit. Privat, t. XII, preuves, n° 422, 4° pièce
citée). — Le Parlement de Carcassonne fut créé par des lettres royales
du 17 juin. (Ibid. t. XI, p. 791).

hautes fonctions en Velay et en Gévaudan par Mayenne qui le traita toujours avec la plus grande déférence (1). C'est qu'il occupait un poste très important : tendant la main, d'une part aux Ligueurs de l'Auvergne et du Lyonnais, et de l'autre à ceux de l'Aubrac, du Rouergue et du Toulousain, il était le point d'appui de la Sainte-Union dans la France centrale.

Quant au baron d'Apcher, son hostilité contre son voisin le protestant Astorg de Marchastel de Peyre, (2) et ses obligations personnelles envers les Joyeuse (3) le décidèrent à s'affilier à la Ligue. Il avait même aspiré au titre de gouverneur royal avant la nomination de M. de Saint-Vidal : son adhésion au parti des Guise

---

(1) Dans ses lettres, le lieutenant général de la couronne l'appelle « mon père », marque de respect et d'affection qu'il ne donne à aucun autre des chefs de la Ligue. (*Mémoires de Jean Burel*, op. cit. p. 228, note. Voir, plus haut, p. 30). Mayenne le nomma même grand maître de l'artillerie.

(2) Voir, plus haut, le chapitre V, Astorg de Peyre ne se convertit au catholicisme qu'à la fin de l'année 1588.

(3) Nous manquons, sur ce point, de données précises. Toutefois nous lisons dans une lettre de M. de Sabran, bailli du Gévaudan, à l'évêque de Mende, sur l'état général du Gévaudan (M. de Sabran était alors en route pour la Cour où il arriva quelques jours après Pâques) : « Monsieur de Joyeuse, qui est fort courroucé contre le Gévaudan, est allé visiter son gouvernement de Normandie, et *M. d'Apcher l'y a accompagné, pour ne se montrer ingrat des bons offices et faveurs qu'il a reçus dudit seigneur, en la querelle qu'il a contre M. de Flageac* ». (21 mars 1587. (Doc. sur les guerres de religion en Gévaudan, t. III, page 297). Nous savons, d'autre part, que M. d'Apcher servit en Languedoc, auprès de Joyeuse, gouverneur ligueur, en 1593. (Prouzet, Histoire du Gévaudan, t. III, ms. à la biblioth. des arch. départ. p. 363). Des relations fréquentes existaient donc entre les Joyeuse et d'Apcher.

lui permettrait enfin de satisfaire son ambition, car il serait réellement le chef des Ligueurs du Gévaudan, en sa qualité de lieutenant de M. de Saint-Vidal, dont toute l'activité était alors absorbée par les graves affaires du Velay. (1) Tels furent les organisateurs de la Ligue dans le diocèse de Mende.

Ils recevaient de Toulouse leurs inspirations (1). A la nouvelle du meurtre des Guise, la violente capitale languedocienne avait renforcé son gouvernement municipal, et, bientôt après, emprisonné le chef des royalistes, le premier président Duranti, qu'une foule furieuse massacra le 10 février (2). Le Parlement s'unit alors aux autres cours ligueuses. De Toulouse, le mouvement se propagea dans le Querci, le Limousin et l'Auvergne, dont presque toutes les villes (sauf Clermont et quelques autres), se déclarèrent pour la Ligue. Le Parlement envoya même des délégués en Velay pour y recevoir le serment de fidélité du Puy à

---

(1) D'autant plus que la baronnie de Cénaret qui donnait à M. de St-Vidal droit d'entrée aux Etats du Gévaudan était passée à la maison de Rochefort d'Ally en 1582 par le mariage de Claire de La Tour Saint-Vidal, fille du baron de Saint-Vidal, avec Claude-Gabriel-Amédée de Rochefort d'Ally. (Prouzet, Hist. du Gévaudan, op. cit. t. III, p. 344, note 30).

(2) Dom Vaissette, Hist. du Languedoc, édit. Privat, t. XI, pp. 771 à 780. — Dans le serment des Ligueurs du Velay on lit : « Obéissant aux réitérés commandements qui nous ont esté faicts de l'authorité de la Court de Parlement de Tholoze ». Doc. sur les guerres de religion en Gévaudan, tome III, p. 485).

(3) Hist. du Languedoc, pp. 775 à 777.

la Sainte-Union. M. de Saint-Vidal jura la Ligue entre leurs mains le Vendredi-Saint, 31 mars. Etant ainsi entré officiellement dans le grand mouvement communal, le Puy s'organisa à l'imitation de Toulouse et M. de Saint-Vidal fut nommé par les bourgeois au lieu et place de son rival, M. de Chastes, sénéchal royal. (1)

Le serment des Ligueurs avait été « faict et arresté « dans la maison consulaire du Puy, le 23e jour de mars ». Les localités de ce pays y déclarent s'unir à Toulouse « comme principale ville de leur ressort, ensemble avec « les villes de Paris, Lyon et autres villes catholiques de « ce royaume, suyvant les réquisitions qui, de la part de « Paris et de Lyon, leur ont esté faictes pour aider et « favoriser les princes et villes catholiques en la ma- « nutention de la Religion catholique, apostolique et « romaine, extirpation des hérésies, et y employer leurs « moyens et propres vies ». Les signataires affirment obéir ainsi aux « réitérés commandements qui leur ont « esté faicts par la Court de Parlement de Toloze ». L'autorité de M. de Saint-Vidal est formellement recon-nue. L'entrée du Puy sera interdite à toute personne suspecte. La ville portera secours à toutes celles qui se-ront attaquées ; elle « jure même de ne faire aulcung « traicté ny capitulation ou association avec personne « de quelque qualité et commandement qui puisse estre « sans le sceu, vouloir et consentement de ladite Court « de Parlement et aultres villes qui auront juré cette

---

(1) Mémoires de J. Burel, bourgeois du Puy, édit. Chassai.., op. cit. page 119.

« union ». Le serment se termine par un appel à toutes les villes et à tous les gentilshommes de la région (1).

La majeure partie du Gévaudan accueillit froidement ces avances. Dans le clergé, personne ne paraît s'être ouvertement déclaré pour la Sainte Union (2) ; la récente spoliation des Bénédictins du monastère de Chirac par les Jésuites de Rodez contribua certainement à éloigner du clergé ligueur (3) les ecclésiastiques gévaudanais. D'ailleurs, le nouveau prélat, toujours présent

---

(1) « Forme de serement pour y faire signer les gentilzhommes et les villes de ce pays de Vellay en l'union des princes et villes catholiques ». (Documents sur les guerres de religion en Gévaudan, t. III, pp. 484 et 485. — Arch. départ. Lozère, série F. Fonds d'Apcher. (Non encore inventorié).

(2) Il y eut, plus tard, de graves dissensions entre l'Evêque et le Chapitre de l'église cathédrale de Mende. Mais, dans les circonstances actuelles, les chanoines paraissent s'être prononcés pour la cause royale. C'étaient deux chanoines, MM. Leynadier et Maubert, qui aux Etats-Généraux de Blois, avaient fait cause commune avec le député royaliste du Tiers, M. Decasalmartin. Il est vrai qu'à l'assemblée des Ligueurs du Gévaudan tenue à St-Chély le 11 novembre 1590, figure un chanoine, (d'ailleurs le seul représentant du clergé). Mais ce devait être une exception ; l'auteur du procès-verbal de ladite assemblée mentionne sa présence en ces termes : « M. « Etienne Rampan, docteur ès-droicts, « chanoyne de Mende, reffugié en la présente ville, pour l'état ecclésias- « tique ». (Ibid. Ibid. p. 512).

(3) Consulter sur ce point les Recherches historiques sur le Monastier, du Dr J. Daudé. Paris, Maisonneuve, frères, et Ch. Leclerc, éditeurs, 1885, pp. 137 à 157. Les Jésuites de Rodez, malgré l'opposition d'Adam de Heurtelou, prirent possession du monastère le 1er mai 1589. Voir le « Procès des Jésuites au sujet de l'union du monastère de St-Sauveur au collège de Rodez ». (Ibid. pp. 157 à 171).

dans son diocèse, les maintenait sous son étroite dé-
pendance par ses conseils bienveillants et ses sévères
admonestations (1) moralement appuyées de toute l'influence que lui donnait son pouvoir temporel.

Parmi les seigneurs affiliés à la Ligue, ayant droit
d'entrée aux États particuliers du pays, figurent seulement les quatre barons de Cénaret, d'Apcher, de Ca-
nilhac et de Mercœur ; aucun noble proprement dit (2).

La géographie des bourgades ligueuses nous éclaire
sur les causes mêmes de leur adhésion au parti des
Guise. Saint-Chély-d'Apcher, le Malzieu, Saugues et
Serverette, (localités situées dans le Gévaudan septentrional et séparées de Mende et de la partie centrale du
diocèse par de hauts et froids plateaux boisés d'accès
difficile), appartiennent plutôt à la sphère d'influence
des pays d'Aubrac et de Velay où dominaient alors les
ennemis du Roi. Cet ensemble de petits pays ligueurs
reliait donc le Toulousain et le Rouergue à l'Auvergne
et au Lyonnais, toutes provinces à la dévotion des
Guise. Relativement assez rapprochées du Puy, où de
Saint-Vidal déployait toute sa rude énergie au service de la Ligue, Saugues et les villes alliées échap-
paient plus aisément à l'action pacificatrice d'Adam de
Heurtelou. Dans ces bourgs qui n'étaient ni terres

---

(1) Voir, parmi les pièces justificatives, un « Mandement de l'évêque
de Mende au clergé du diocèse ». (18 septembre 1587). Communiqué
par M. F. André, inédit.

(2) « Délibération tenue à Saint-Chély-d'Apcher par les Ligueurs du
Gévaudan » le 11 novembre 1590. Ce furent, à vrai dire, les Etats particuliers de la Ligue en Gévaudan. Voir les pièces justificatives.

royales ni terres épiscopales, les sentiments de haine
étaient plus vivaces que partout ailleurs en Gévaudan
contre les Réformés, dont la forte position à Marvejols
et dans la baronnie de Peyre leur avait fait courir,
avant l'expédition de Joyeuse, les plus graves dangers.
Encore paraissent-ils s'être soulevés moins comme municipalités que comme fiefs dociles aux volontés de leurs
seigneurs directs. Il est, en effet, intéressant de constater
que Saint-Chély appartenait à la baronnie d'Apcher,
Saugues et le Malzieu à la baronnie de Mercœur. Or
Mercœur et d'Apcher sont deux des principaux chefs
de la Ligue en Gévaudan. En retard sur bien d'autres
régions ligueuses, le Gévaudan septentrional combat
encore pour la vieille cause féodale ; c'est l'ancienne
féodalité terrienne qui, avec les de Saint-Vidal et les
d'Apcher, âpres défenseurs de la foi catholique menacée
par les Calvinistes cévenols, (1) se dresse encore contre
l'absolutisme de la monarchie capétienne.

---

(1) Voir le chapitre VIII. Toutefois la Ligue ne fut complètement or-
ganisée en Gévaudan qu'en 1590, mais elle n'en embrassa jamais que la
plus petite partie.

CHAPITRE VIII

SOMMAIRE

Les Réformés du Gévaudan en 1588. — (Les Cévennes et les Cévenols).

Leur organisation politique jusqu'à l'assemblée de La Rochelle.

Leur alliance avec Montmorency-Damville, gouverneur disgrâcié du Languedoc.

Politique de Damville en Gévaudan : réunir les Réformés et les Royalistes catholiques « sous le bon plaisir du roi ».

Articles envoyés par les Etats réformés du Bas-Gévaudan à « Messieurs des Estats du Hault Gévaudan ».

Réponse des commis et syndic du Haut Gévaudan.

Attitude de Damville à l'égard des Royalistes catholiques du diocèse de Mende.

Echec relatif de cette première tentative de réconciliation.

Tandis que la Ligue s'organisait dans la partie septentrionale du diocèse sous la direction du baron d'Apcher, lieutenant de M. de Saint-Vidal, des négociations étaient entamées par Montmorency et ses agents dans le but de hâter la cessation définitive des hostilités entre les Réformés cévenols et les Royalistes catholiques.

Les Cévennes avaient eu beaucoup à souffrir de la dernière guerre civile, moins cependant que Mende ou que Marvejols, plus directement exposées, par leur situation géographique, aux attaques des troupes ennemies. Ce pays granitique, séparé du Haut Gévaudan par les immenses tables calcaires des Causses dénudés est sillonné d'innombrables petites vallées, souvent parallèles, sans communications aisées des unes aux autres, et orientées en sens contraires, celles-ci vers le Tarn et l'Océan, celle-là vers le Rhône, le Gard et la Méditerranée. Cette région a façonné ses habitants à son image; elle en a fait une race solide et forte, mais un peu massive, « sélectionnée par la rigueur du climat et par les difficultés de la lutte pour l'existence; s'attachant quand même et arrachant quelques produits à un sol ingrat; utilisant le moindre abri, la moindre couche de terre pour suspendre ses cultures par étages constitués à force de labeurs sur les flancs des précipices; remplaçant, dans les longues journées et soirées d'hiver, aux époques des tourmentes, des froids excessifs et des neiges, le travail des champs devenu impossible par le travail de la maison et de l'atelier: tissant des étoffes et parfois même obligés de s'expatrier et d'aller gagner sa vie dans la plaine, tout en gardant au cœur le souvenir et le regret ineffaçables de la montagne » (1); population moins pauvre peut-être, mais certainement plus active, plus remuante que celle du Haut Gévaudan. Les différences de constitutions du sol, de climats, de régimes hydrographiques, de races même, avaient fait des deux parties de ce diocèse des régions distinctes; ce dont les habitants se rendaient nettement compte au XVI° siècle quand ils appliquaient le terme de Bas Gévaudan aux

(1) L. Malavialle. Les Cévennes et les Causses, p. 51. Montpellier, 1893. (Extrait du Bulletin de la Société languedocienne de géographie).

Cévennes proprement dites et celui de Haut Gévaudan à la région des Causses et des pays arrosés par le Lot, la Colagne, la Truyère et quelques uns des affluents supérieurs de l'Allier.

Les Cévenols avaient de bonne heure embrassé la Réforme. Leurs descendants, les Camisards, proclameront même bien haut, dans leur manifeste, qu'ils ont « toujours fait profession de la Religion » plusieurs siècles avant la Réforme. « Aux temps des Vaudois et des Albigeois, affirment-ils, nos montagnes étaient remplies de ces gens-là, et l'on voit, par divers actes, qu'ils professaient une même religion que les Réformés d'à présent. Les grandes Croisades des Papes excitèrent contre eux quelques persécutions, mais ils demeurèrent toujours fermes dans leur foy, leur zèle se ralluma au commencement de la Réformation ; en moins de rien tout ce païs se vit réformé et l'a toujours été depuis. » (1). Très juste observation, d'autant plus précieuse à recueillir, qu'elle émane même des Cévenols persécutés !

Les Protestants des Cévennes (1) avaient pris une part

---

(1) « Manifeste des habitans des Sévennes sur leur prise d'armes », p. 1. Imprimé à Amsterdam, 1703. 27 pages in-4°. (Arch. départ. Lozère, Série G. 1007).

(1) *Population protestante des Cévennes en 1588.* — De minutieuses recherches relatives à la population protestante du Gévaudan à la fin du XVIᵉ siècle étant restées infructueuses, nous en sommes réduits, pour cette évaluation à nous reporter à l' « Estat et nombre de ceux qui habitaient les paroisses des Cévennes qui étaient dans le diocèse de Mende avant la révocation de l'Edit de Nantes », publié par M. André dans ses Doc. sur les guerres de religion, t. IV, pp. 337 et 338. Le chiffre des catholiques est de 6,033 et celui des protestants de 17,956. La densité

active aux guerres de religion, en défendant avec une âpre énergie les intérêts huguenots ; c'était parmi eux qu'Henri de Béarn recrutait le meilleur de ses troupes. Ils s'étaient organisés à l'imitation de leurs coreligion-

---

de la population gévaudanaise n'a guère varié d'un siècle à l'autre, car l'émigration vers la plaine ou les grandes villes en a toujours éloigné l'excédent. En comparant le dénombrement des populations cévenoles avant la Révocation à celui de l'année 1879, publié par P. P. Vincens, chef de division honoraire à la Préfecture (Mende, impr. C. Privat), on constate que, dans l'espace de deux siècles, le nombre des habitants des Cévennes qui en 1685 était de 24,000 n'atteignait pas en 1879, celui de 28,000. (Nous avons comparé le chiffre de la population totale de chacune des paroisses mentionnées sur les documents de la fin du XVII° siècle à celui de chacune des communes correspondantes). On ne doit pas tenir grand compte de la diminution de population causée en 1587 et 1588 par la peste et la famine (moins violentes cependant que dans le haut Gévaudan) ; car elle fut, en partie, compensée par l'immigration des fugitifs de Marvejols. (Doc. sur les guerres de religion en Gévaudan, t. III, p. 484).

Le diocèse de Mende comprenait 180 paroisses, dont 31 dans le bas Gévaudan, presque exclusivment réformées : Florac, Vebron, Prunet. St-Laurent-de-Trèves, Gabriac, St-Martin-de-Lansuscle, Barre, Cassagnas, St-Julien-d'Arpaon, Pompidou, Ste-Croix, Notre-Dame-de-Valfrancesque, Le Bousquet, Molezon, Balmes, Fraissinet-de-Lozère, Frutgères, Saint-Frézal, St-Andéol, St-Julien-des-Points, La Melouse, St-Hilaire, Saint-André-de-Lancize, Les Bondons, St-Martin-de-Boubeaux, St-Germain-de-Calberte, Collet-de-Dèze, Grizac, Bédouès, Cocurès, St-Privat-de-Vallongue. (Arch. départ. Lozère, G. 1004).

Ce fut en 1560 « que ceulx des Cévennes receurent avec une merveilleuse ardeur la vérité de l'Evangile, auxquels s'adjoignirent non-seulement quasi tout le commun, mais aussi les gentilshommes et plus grands seigneurs : tellement qu'on un instant furent dressées plusieurs esglises, à savoir celle de Mialet par Robert Maillart, celle d'Anduse par Pasquier Boust, qui est l'entrée des Cévennes du costé de Nismes,.....

7

naires de la plaine (1), et avaient formé une circonscrip-
tion ayant ses ressources financières et militaires distinctes, ses assemblées particulières. Comme eux, ils
étaient alors régis par un règlement adopté par l'assemblée de Nîmes le 10 février 1575, et qui « fut en vi-
gueur jusqu'à la tenue de l'assemblée de La Rochelle
(novembre 1588) ». (2)

FINANCES.— Un receveur particulier (3) avait été établi
dans chaque diocèse ou pays. (Le diocèse de Mende
était rattaché à la recette générale de Montpellier).

---

celle de Sauve par un nommé Tartas, celle de St-Jean par Olivier Tar-
dieu, *celle de St-Germain-de-Calberte par un auparavant libraire à Ge-
nève, le labeur duquel, conjoinct avec un singulier exemple de bonne vie,
profita tellement, qu'en peu de temps il acquit au Seigneur ceux de Sainct-
Estienne-de-Valfrancesque, du Pont-de-Montvert, de Sainct-Privat, de
Gabriac et aultres lieux circumvoisins* ». (Théodore de Bèze, *Histoire
ecclésiastique des Eglises Réformées du Royaume de France,* édit. Vesson,
Toulouse, 1882, t. I. p. 123).

Les Eglises du Bas-Gévaudan autres que celle de Saint-Germain-de-
Calberte ainsi établie en 1560, se constituèrent définitivement en décembre 1561. « Plusieurs églises se dressèrent en mesme temps environ le mois de décembre comme à . . . . Val Francèse, Barre et Florac,
et pareillement à Marvéjoux (Marvejols avait été « évangélisée » dès
les premiers jours d'octobre, 1560, par Mallet, ministre de Millau), par
François Téron, par le moyen du sieur de Castelnau de Lévezon ».
(Ibid. t. I. p. 469).

(1) Le Gévaudan s'était fait représenter à l'assemblée de Montauban
(août 1573) qui avait partagé le Languedoc en deux généralités. Les
Cévennes furent comprises dans le Bas-Languedoc.

(2) L. Anquez. *Histoire des Assemblées politiques des Réformés de
France.* p. 17.

(3) Le receveur particulier des Réformés du Gévaudan en résidence
à Florac, était, en 1589, un nommé François Durand. (F. André, *Procès-
verbaux des Etats particuliers du Gévaudan,* tome I, p. 269).

Les principaux revenus de la « Cause » comprenaient :

1° les tailles et aides ordinaires, les rentes du domaine royal et les droits d'octroi et d'aubaine ;

2° la gabelle et les crues établies sur les sels de Peccaïs ; (1)

3° le cinquième du butin fait sur l'ennemi et des rançons payées par les villes prises ou par des particuliers ;

4° le produit des deniers effectués au préjudice des ennemis de la « Cause ». (2)

Armée. — Les capitaines (3) avaient été déclarés responsables des excès commis par leurs soldats contre la discipline, les mœurs ou la religion ; ils devaient veiller à ce que la sécurité des campagnes ne fut pas troublée par les troupes.

----

(1) Salines situées près d'Aigues-Mortes.

(2) Les Réformés comprenaient même « en leurs rolles et assiettes les habitans d'Ispagnac, Montbrun, Saint-Pierre-de-Triplez, La Parade et aultres paroisses catholiques », qui faisaient géographiquement partie du Bas-Gévaudan. Ces localités « payaient en même temps à la recette particulière de Mende ». Elles étaient donc « taillables en deux endroicts à la fois ». (F. André. Doc. sur les guerres de Religion en Gévaudan, t. III, p. 497).

Le syndic des Réformés du Gévaudan, le sieur Barrau, de Marvejols, avait « arrenté les bénéfices de ceulx du parti contraire à fort vil prix et à beaucoup moindre que les décimes ordinaires ne reviennent, mesme que les arrentemens ne se baillent à des capitaines de la nouvelle opinion qui dépossèdent les ecclésiastiques et leurs premiers rantiers, sans cognoissance de cause,.... et la délivrance se faict sans observer aulcung ordre ni formalité, et n'en revient aulcune commodité à la recette générale ». (Ibid. t. III, p. 496).

(3) Florac était défendu par 60 soldats commandés par le capitaine de la Croix.

Justice. — Le Règlement de 1575 maintenait enfin toutes les justices royales et seigneuriales.

L'assemblée de Nîmes avait ainsi établi en France « une nouvelle espèce de république composée de toutes ses parties, séparée du reste de l'Etat, et qui avait ses lois pour la religion, le gouvernement civil, la justice, la discipline militaire, la levée des impôts, l'administration des finances ». (1)

Aussi les délégués du Bas-Gévaudan s'abstinrent-ils d'assister en personne ou de se faire représenter aux Etats particuliers du diocèse. C'étaient, pour la noblesse (2) : MM. de Gabriac, de Barre et de Portes ; pour le Tiers : le premier consul de Florac, les procureurs de St Etienne-de-Valfrancesque, de la viguerie de Portes et de Barre. La scission était même si complète qu'en juin 1588 les Etats du Bas-Gévaudan (3) se réunirent à Florac, à l'instigation du maréchal de Montmorency.

Après une rupture momentanée entre Politiques et Réformés, Damville s'était, en effet, associé de nouveau à Henri de Béarn. Sceptique, il combattit le plus souvent

---

(1) De Thou.

(2) Seul, le représentant de la baronne de Florac, femme de Montmorency, s'y rendit parfois. Encore était-ce un seigneur catholique, le sieur de la Croix, commandant de la garnison de Florac.

(3) Nous n'avons pu retrouver le procès-verbal de cette assemblée, dont nous connaissons toutefois les principales décisions par les « Articles envoyés par les habitans de Marieujols retirés à Florac, à MM. des Estats du Haut Gévaudan ». — F. André, Doc. sur les guerres de religion en Gévaudan, t. III, pp. 395 et suiv.

dans les rangs de ceux dont il ne partageait pas la foi.
Peu lui importait le principe de la liberté de conscience. A vrai dire, sous le manteau du bien public,
il ne travailla guère que pour lui seul. Son intérêt im-
médiat exigeait-il une alliance avec les Protestants,
il n'hésitait pas à leur faire les propositions les
plus séduisantes, et parfois même à subir de leur part
certaines humiliations (1) ; lui commandait-il au contraire
une scission, il les abandonnait aussitôt, souvent décidé
à les combattre (2). Agir ainsi, n'était-ce pas d'ailleurs imi-
ter la plupart des hommes d'Etat ses contemporains?
Mais ce grand seigneur, jaloux de ses prérogatives presque royales, parfait administrateur plutôt qu'habile tac-
ticien, était doué d'un sens politique très sûr qui lui
permit de louvoyer habilement et de se jouer au milieu
des situations les plus compliquées (3) : son attitude à
l'égard du Gévaudan pendant sa disgrâce en est la
preuve. Son mariage avec la baronne de Florac, Antoinette de la Mark, tout en lui créant des intérêts ma-

---

(1) L'assemblée de la Rochelle (fin de 1588) lui imposa le contrôle
d'un conseil nommé par les Eglises.

(2) Dès la première année de son gouvernement, (1563) il fut très sé-
vère pour les Religionnaires qui se plaignirent de voir l'Edit de pacification rester lettre morte entre ses mains. (De Thou, t. IV, p. 513).
Charles IX lui-même modéra son ardeur). Bibl. nat. mss. fr. 3185, p.
80. — 3194, p. 43. — 3202, p. 53. Cité dans l'*Hist. du Languedoc.* Dom
Vaissette, t. XII, p. 109. — Voir aussi, Ibid. t. XII, preuves, N° 277.

(3) « Brantôme qui l'avait beaucoup connu a tracé de lui un portrait
qui doit être fort exact », Brantôme, édit. Lalanne : *Les grands capitaines français*, tome III, p. 363.

tériels, lui avait valu dans la région une plus directe influence. Dans ce pays où tous les partis étaient représentés, la situation de Damville était tout par-ticulièrement délicate : prince catholique, il était non seulement le seigneur, mais l'allié, le soutien des Ré-formés du Bas-Gévaudan.

Aussi, prévenant une objection qui s'imposait à Adam de Heurtelou et aux catholiques royalistes de la con-trée, avait-il déclaré au prélat, dans une lettre datée du 16 juillet 1587 (1) « qu'il serait très aise de tascher, par quelques conférences ramener au giron de Sainte Mère Esglize ceulx de la Religion prétendue réformée, *si cela pouvoit apporter quelque ouverture à la paix publique* (rappelant ainsi le caractère exclusivement laïque de toute sa politique). *Mais il y a fort peu d'apparence, ajoute-t il, que ceste guerre procède de la diversité des religions.* (Retenons ce jugement sur les luttes de l'é-poque ; on ne les a jamais mieux définies). *C'est à l'état du Royaulme, aux princes du sang, aux fidèles subjects du Roy qu'on s'attaque, non à la religion de Calvin.* A quoy, oultre l'intérest particulier que j'y ay, ma qua-lité et le rang que je tiens en France m'obligent d'em-ployer tous mes moyens pour le service de Sa Majesté, manutention de sa couronne et de ses bons subjects ». Evitant surtout de s'aliéner les catholiques royalistes du Gévaudan, il a « conservé les évêques et aultres personnes ecclésiastiques dans le pays de son obéis-

---

(1) Lettre de Montmorency-Damville à Adam de Heurtelou, 16 juil-let 1587 (inédite). Voir les pièces justificatives.

sance en toute asseurance et exercice de la religion, avec la jouyssance de leurs biens... Je les ai tellement asseurés, affirme-t-il, qu'ils sont en seurté dans les villes de ceulx de la religion prétendue réformée, y administrant les saints Sacrements et instruisant le peuple à leur grand contentement. Ceulx qui se sont retirés et distraits de l'obéyssance du Roy et de mon commandement n'ont pas mieulx faict pour leurs pauvres églises... » Damville disait vrai : et ne négligeant pas les arguments *ad hominem,* il informe le prélat qu'il « a commandé le maintien de son bénéfice de Saint-Martin-de-Lansuscle, comme en tout aultre endroict, il luy fera toujours paroistre les effects de sa bonne volonté ».

A la faveur d'une trève du labourage conclue avec le maréchal de Joyeuse en avril 1588 (1), Damville délégua en Gévaudan son intendant de justice, M. de Rochemaure, le chargeant d'amener M. de Saint-Vidal, qui protestait encore de sa fidélité à Henri III, à s'entendre

---

(1) « Extrait de la délibération de MM. les commis, syndic et députés du Gévaudan », 21 avril 1588. (Doc. inéd. sur les guerres de Religion en Gévaudan, t. III, pp. 370 et 371). Nous y lisons : « Que le sieur des Alpiès (c'est-à-dire M. de Sabran, bailli du Gévaudan), qui a commencé de traicter avec le sieur de Séras habitant de Maruéjols et aultres des Cévennes pour faciliter l'exécution et observation inviolable des articles et seurté du commerce en ce pays de Gévaudan, et fère prandre auxdicts de Maruéjols tout sûr accès en la demeure de leurs biens, vivans en l'obéyssance de Sa Majesté et selon ses édicts, sera le dict sieur des Alpiès prié continuer ladite négociation avec lesdits sieurs de Séras et des Chazes, depputés par lesdits des Cévennes et aultres, pour le faict que dessus ».

avec lui, en vue de l'établissement d'une paix définitive, « sous le bon plaisir du roi ». Non seulement l'intendant se rendit personnellement à Mende où il s'entretint avec l'évêque et les commis du diocèse des affaires du Gévaudan (1), mais « il fit même assembler à Florac ceux de la nouvelle religion. » (juin 1588).

Les Etats du Bas Gévaudan consentirent à la paix, mais à quatre conditions nettement spécifiées dans les « articles » qu'ils communiquèrent « à MM. des Estats du hault Gévaudan » (2) :

1° La ville et le château épiscopal de Chanac seront « baillés à ceux de Marvejols et aultres dudit païs pour y estre en seurté et en la même liberté de conscience qu'ils estoient à Marvejols ».

2° Le commandement de cette place sera confié à un gentilhomme choisi par Montmorency, « le plus « agréable que faire se pourra aux ungs et aux aul« tres ».

---

(1) M. de Rochemaure fut accompagné « du sieur Jourdain, député des habitans de Marvejols retirés à Florac ». Les commis du diocèse leur firent des propositions qui ne furent pas agréées par les Cévenols à en juger par ces quelques mots : « Lesdits de la nouvelle oppinion de Maruéjols se debvroient contanter des justes et apparantes raysons dernièrement proposées au sieur Jourdain, leur depputé, en la présence du sieur de Rochemaure, envoyé de la part du seigneur de Montmorency ». Nous n'avons aucun détail sur ces propositions. (Doc. sur les guerres de Religion en Gévaudan, t. III, p. 399).

(2) « Articles envoyés par les habitans de Marieujols retirés à Florac à MM. des Estats du Gévaudan », juin 1588. (Doc. sur les guerres de Religion en Gévaudan, t. III, pp. 395 et suiv. — Arch. départ. Lozère, C. 814).

5° L'assemblée du haut Gévaudan pourvoira à une « honnête somme » qui sera répartie entre les habitants de Marvejols, à chacun d'eux selon ses besoins ; « car ils n'ont aucun espoir de recueillir leurs fruicts, « de longtemps pour la cessation du labouraige et cul- « ture des terres ».

4° Les deux assemblées, « d'une commune main, « supplieront Monsieur l'évesque de Mende, *(lequel* « *tous, d'ung parti et de l'autre, recognoissent et respec-* « *tent comme comte de Gévaudan, désirant luy rendre* « *très humble service en tant que la liberté de conscience* « *le leur permettra)*, de vouloir accommoder, par prêt, « les habitants de Marvejols de la quantité de 500 ces- « tiers de bled, qu'ils luy rendront, la moitié dans ung « an, et l'aultre moitié au bout d'ung aultre ».

Si le haut Gévaudan consent à ces concessions, les hostilités prendront fin ; seul le port des armes sera autorisé pour « la défensive et conservation sans qu'on « puisse d'un parti à l'autre user d'aucune agression, « soit particulière, soit publique, à peine de vie ».

Afin d'assurer l'observation de la paix, les deux assemblées députeront vers Montmorency, « chacune d'el- « les, un ou deux gentilshommes ou autres de qualité « honorable », qui traiteront en sa présence « et sous son commandement » tous les autres points délicats, en particulier pour le fait de la justice (la Sénéchaussée), afin qu'à l'avenir, toute cause de conflit ayant disparu, « les habitans du haut et bas Gévaudan réunis sous un « ferme et assuré repos puissent laisser à leurs enfans « un héritaige de très humble dévotion et obéissance à « Dieu, de fidélité et service au Roy, leur naturel et lé-

« gitime prince, et d'amitié fraternelle des uns aux
« autres » (1).

La réponse des représentants du haut Gévaudan fut
loin de donner aux Réformés satisfaction sur tous les
points (2). 1° « Les habitans catholiques de ce pays
« sont très disposés à mettre la souvenance du
« passé sous le pied et l'ensevelir comme chose non
« advenue pour le désir qu'ils ont de voir lesdits de
« Marvejols hors de la crainte où ils sont de se repa-
« trier et se réunir avec eulx en une même foi et reli-
« gion catholique et obéissance due au Roi, pour le
« bien et repos perpétuel de ce pays ». Mais ils refu-
sent le château et la ville de Chanac aux Réformés, qui
se « contenteront de la sûreté que l'assemblée leur
« offre, de la protection et sauvegarde tant du Roy et
« de MM. le duc de Montmorency, le maréchal de
« Joyeuse, que de l'Estat du pays (noblesse, clergé et
« tiers ordre). Il ne sera méfait ny médit aux person-
« nes de Marvejols, ni à leurs familles, ni à leurs biens »,
à la condition toutefois qu'ils vivront paisiblement à
Marvejols en l'obéissance et fidélité qu'ils doivent à
Dieu, sans aucun exercice de la nouvelle religion, ni
port d'armes, ni assemblées, ni entreprises quelconques,

---

(1) La requête est signée du syndic des Etats du bas Gévaudan,
Barrau.

(2) « Response faicte par les gens des Estats du pays de Gévaudan
aux articles de ceulx de Marieujols retirés à Florac ». (Doc. sur les guerres de Religion en Gévaudan, t. III, pp. 398 et suiv. — Arch. départ.
Lozère, C. 814).

« et encore sous le bon plaisir du Roi et non autrement ». Sa Majesté sera même suppliée de leur accorder main-levée de leurs biens, « nonobstant la saisie
« faite d'iceulx suivant les derniers édits ».

2° M. de Saint-Alban, commis des nobles, bailli et
gouverneur de Marvejols, sera prié et requis de se tenir
en ladite ville pour sa conservation, et de veiller personnellement au maintien de l'ordre.

3° Dans le cas où les habitants de Marvejols désire-
raient définitivement demeurer dans les Cévennes (à
Florac ou ailleurs), pourvu qu'ils y vivent « sans aucune
course ni pillerie, soit de leur part ou des habitants
des Cévennes », ils jouiront de leurs biens par « affer-
« mes et arrantements, ou mesnaigeries particulières,
« en vertu de la main levée que le syndic du pays re-
« querra de Sa Majesté ». Mais, de leur côté, les ecclésiastiques « jouiront paisiblement de leurs bénéfices
« et biens temporels en payant les décimes au rece-
« veur ordinaire d'icelles à raison de ce qu'elles sont
« imposées par les commis, scindic et depputés du
« clergé du diocèse ». — Les tailles et deniers royaux
seront levés par le receveur ordinaire du pays tant au
Bas-Gévaudan qu'en tous autres endroits du Haut-Gévaudan « sans aucune contradition ni empeschement »
Sur ces deniers, la garnison que M. de Montmorency
jugera nécessaire à Florac (commandée par le sieur de
la Croix (1) ou autre gentilhomme catholique), sera
payée comme les autres garnisons du pays.

---

(1) Le sieur de la Croix était le représentant attitré de la baronnie de
Florac aux États particuliers du Gévaudan.

4° Quant à l'octroi d'une indemnité aux malheureux fugitifs, l'évêque Adam de Heurtelou est tout disposé à y consentir ; non seulement il leur prêtera 500 setiers de blé, mais il les leur donnera, ainsi que « toutes aul-
« tres choses dont ils le requerront, *moyennant qu'ils*
« *reconnaissent l'erreur et oubliance qu'ils ont commise*
« *envers Dieu...* Il les embrassera alors et les recevra
« comme ses propres enfants spirituels, les laissera en
« sa ville de Mende comme il a faict d'une bonne par-
« tie de ceulx dudit Marvejols qui sont venus à conver-
« sion, ou bien en sa ville et château de Chanac, à leur
« choix ». Les commis du Haut-Gévaudan sont donc surtout préoccupés d'éloigner de Mende les Réformés : ils sentent trop combien serait dangereuse cette prise de possession de Chanac, localité voisine de la petite capitale gévaudanaise. Mais le prélat, soucieux des intérèts de son troupeau, consentira à de réels sacrifices (1) si les exilés se convertissent à la foi catholique.

(1) Avance de 300 setiers de blé au baron de Peyre pour les distribuer à ses sujets, demandée par l'assemblée du Bas-Gévaudan à l'évêque de Mende. Le baron de Peyre « s'en obligera et bailhera cautions de les rendre dans deulx ans ; offrant, moyennant ce dessus, vivre doresnavant et faire vivre ses subjects en la forme couchée aux susdicts articles et obéir aux commandements de mondict seigneur de Montmorancy, *ne demandant que de vivre en paix avec ses voisins et oublier toutes choses passées* ».
Voici la réponse :
« Le sieur de Peyre trouvera le général et particulier desdits Estats aultant affectionné qu'il peult désirer, se réunissant avec les aultres barons et noblesse du pays en une même foy et religion catholique et obéissance et fidellité deue au Roi ». F. André, Doc. sur les guerres de Religion en Gévaudan, t. III, p. 401.

Les Réformés n'ayant pas favorablement accueilli cette réponse, les négociations furent, pour quelque temps du moins, interrompues. C'était un échec pour Montmorency ; mais l'habile gouverneur se garda bien de témoigner hautement de son mécontentement à l'évêque et aux Commis des Etats du Haut-Gévaudan ; il se hâta de les rassurer sur ses intentions personnelles par une lettre (1) en date du 27 juin. « Votre attitude, leur « déclare-t-il, sera toujours jugée comme très raisonna-« ble ; nul ne pourra jamais s'en offenser ». Il se fait fort de maintenir lui-même les Protestants des Cévennes « dans la paix ; il leur ôtera les moyens de tenter quelque agression par le choix qu'il fera de personnes d'honneur pour les commander avec pouvoir de se faire

---

Astorg de Marchastel de Peyre ne tarda pas à se convertir au catholicisme. Un procès était depuis longtemps engagé entre le sieur de Marchastel et Marie de Crussol, veuve de son frère aîné. Marie de Crussol était une zélée huguenote. Un arrêt du grand conseil lui avait donné gain de cause. Marchastel en appela au Sénéchal de Nîmes, au Parlement de Toulouse... Ce procès avec une ardente protestante favorisa certainement sa conversion ; aussi abjura-t-il l'hérésie, dès le 5 novembre 1588, entre les mains d'Adam de Heurtelou ; trois semaines plus tard, le 27, il était admis comme baron de Peyre aux Etats du Gévaudan où aucun Peyre n'avait paru depuis de longues années. Ce rapprochement de dates et de faits explique l'attitude nouvelle du baron de Peyre. L'année suivante, une bulle du pape Sixte-Quint le remit en possession de tous ses biens. — Consulter sur ce point : *La baronnie de Peyre*, par Prunières. (Extrait du Bulletin de la Société d'agriculture, sciences et arts de la Lozère. 200 pages).

(1) Lettre de Montmorency-Damville à « Messieurs du Clergé, de la Noblesse et du Tiers-Etat du haut-Gévaudan ». (Arch. départ. Lozère, non encore inventoriée, inédite Voir les pièces justificatives).

obéir sous son commandement ». Elargissant alors son sujet, Montmorency fait une véritable déclaration de principes où se révèlent tout à la fois la parfaite habi leté du diplomate et la morgue hautaine du gouverneur se réclamant de son titre de « fils du plus honorable officier de la couronne et premier officier de France », (défi indirect à l'adresse de son heureux rival, le duc de Joyeuse). Il ne permettra pas que « son « gouvernement soit travaillé par la calamité publique, « par la rébellion au roi et désobéissance qu'on voit tous « les jours paraître en divers lieux. Je veux, affirme-t-il, « employer toute ma vie et tous mes moyens pour le « service de Sa Majesté.... Toute l'autorité que j'ai du « Roi, j'en userai toujours pour l'obéissance de ses « commandements et des miens qui ne sont, ni ne se « ront jamais autres que sa volonté ». Mais, à deux reprises, il proteste vivement de son intention de « n'al-térer en rien » l'état du Gévaudan. « Vous pourvoirez « à vos affaires, leur écrit-il, selon que vous penserez « être de votre bien ». Il n'a « jamais voulu toucher à la domination de l'Eglise catholique, apostolique et romaine, de laquelle il a toujours fait et fera toute sa vie profession, à l'exemple de ses prédécesseurs ». Témoigner aussi nettement de ses sentiments royalIstes et catholiques, et de son respect des libertés du pays, n'était-ce pas calmer d'avance toutes les inquiétudes du Haut-Gévaudan ?

Ces premières tentatives ne furent cependant pas complètement infructueuses. Elles avaient permis entre les deux chefs des factions royalistes, Damville et Adam de Heurtelou, un échange de vues qui dénotait de leur part des intentions pacifiques. D'ailleurs, si les Catholiques royalistes ne s'étaient pas encore réconciliés avec les Réformés, ils consentaient tout au moins à les laisser vivre en paix dans les Cévennes ; c'était déjà reconnaître tacitement à la nouvelle religion son droit d'existence. (Le fait est assez rare, à cette date, pour être relevé). Les graves évènements de la fin décembre 1588 et des premiers mois de l'année 1589 permirent à Damville de rencuveler, et cette fois heureusement, ses négociations pacificatrices.

CHAPITRE IX

SOMMAIRE

Relations pacifiques entre les Réformés et les Royalistes catholiques. Retour en grâce de Damville. Alliance des deux Henri.

Évolution analogue et parallèle en Gévaudan, y affectant toutefois des caractères particuliers à la région. Motifs d'entente entre les deux partis.

Le Gévaudan observe la trêve des Maréchaux. Contraste entre cette attitude pacifique et la surrexcitation des haines politiques et religieuses qui sévissent dans la plupart de provinces, dès la mort d'Henri III.

Le Gévaudan à l'avènement d'Henri IV.

Articles arrêtés entre les « personnages faysans la plus grande et saine partie de l'estat et communaulté du Gévaudan » pour l'établissement de la paix, et soumis à l'approbation de Montmorency. Réponse du gouverneur.

Heurtelou assure Henri IV de sa fidélité à la royauté légitime et des bons rapports qu'il entretient avec Damville. Il le presse de se convertir au catholicisme, dans l'intérêt supérieur de la pacification du royaume.

Les députés du Gévaudan assistent aux Etats royalistes du Languedoc tenus à Béziers en septembre 1589. Leur absence des Etats ligueurs convoqués à Lavaur par Joyeuse.

Les Etats particuliers du pays de Gévaudan (Chanac le 11 novembre 1589) : présence de la plupart des députés (au nombre desquels figurent ceux des Cévennes et de Marvéjols). Ils jurent fidélité à Henri IV et à Damville.

L'ère des négociations et des concessions réciproques entre Réformés et Catholiques royalistes est définitivement ouverte.

Inspirateur du meurtre des Guise, Henri III s'était placé lui-même dans la plus fausse des situations : s'il rompait ainsi avec la Ligue, c'était pour se trouver aussitôt en présence de deux partis animés à son endroit d'une égale méfiance : les Réformés et les Politiques. De leur côté, Henri de Béarn et Damville ne pouvaient que douter de la confiance qu'ils inspiraient à leurs alliés : l'assemblée de la Rochelle, cette contrefaçon Réformée des États de Blois, leur en avait tout récemment fourni les preuves les plus évidentes. Toute la chaleur de son éloquence persuasive avait été nécessaire au Béarnais pour ramener l'union dans le « parti de la Cause », menacé d'une complète désorganisation ; mais il avait été contraint d'accepter, ainsi que Damville, le contrôle d'un conseil nommé par les Églises. Cette analogie de situations, très favorable au retour en grâce du Maréchal, hâta l'alliance définitive des deux Rois.

La réconciliation de Montmorency avec son souverain, déjà préparée pendant la tenue des États Généraux, fut officiellement consacrée « par des lettres datées de Blois, (le 2 mars 1589), et qui sont une apologie complète des démarches précédentes du duc » (1). L'attitude du Roi de France à l'égard de la Ligue devenait

---

(1) Dom Vaissette, *Histoire du Languedoc*, édit. Privat, t. XI, p. 781. Voir les lettres patentes du Roi au t. XII. Preuves N° 429.

donc de jour en jour plus nette. Par un édit, signé à Blois (février), il exhorte les villes rebelles à rentrer dans le devoir et fixe le 15 avril comme limite extrême de leur insoumission. A cette date, il déclare, par l'édit de Tours, Mayenne et tous les habitants des cités ligueuses « atteints du crime de lèse-majesté » et autorise même la confiscation de leurs biens. Dès le 3 avril, il avait signé avec l'envoyé du roi de Navarre un traité secret d'alliance sous la forme d'une trêve d'un an, bientôt rendue publique à cause du refus opposé par Mayenne à Henri III de suspendre les hostilités. Les deux souverains ne tardèrent pas à se réunir au Plessis-lès-Tours avec leurs troupes, pour marcher aussitôt sur Paris (30 avril) (2).

Une évolution analogue dans les relations des partis se manifeste, vers la même époque, en Gévaudan, y affectant toutefois des caractères particuliers à la région. Pendant toute la première moitié de l'année 1589, les hostilités cessent presque complètement dans le diocèse de Mende. Tandis que les Ligueurs se séparent ouvertement d'Adam de Heurtelou, Réformés cévenols et Catholiques royalistes se font peu à peu à l'idée d'une alliance possible des deux factions dans l'intérêt supérieur du royaume et de leur pauvre contrée entièrement ruinée. Les malheurs de la guerre civile avaient enfin atténué la violence des haines religieuses ; et dans ce pays montagneux, des raisons d'ordre matériel imposaient à ses habitants, soucieux de leur bien-être, une attitude pacifique.

---

(2) Ibid. t. XI, p. 781.

Un immense accablement planait sur la région désolée ; car c'était un triste spectacle que celui que les
Gévaudanais avaient toujours sous les yeux : leur famille
décimée par la peste, leur village abandonné, leur terre
inculte (ce maigre terroir qui, de tout temps, a été leur
unique ressource !). D'ailleurs, si quelques dissentiments
les divisent encore, si l'attaque soudaine de quelque
château ou village par une bande de soldats pillards (1) les tient sans cesse en éveil, l'atteinte portée
aux privilèges judiciaires et administratifs du pays par
l'érection récente d'une Sénéchaussée inspirée par le
parti des Guise vexe également les Royalistes catholiques et les Réformés, (2) qui, dans cette haine commune de l'institution nouvelle, puisent inconsciem-
ment de sérieux motifs de pacification et d'entente.

Les deux seuls évènements importants de l'histoire
du Gévaudan jusqu'à la mort d'Henri III marquent nettement, pour le malheureux pays, le début d'une ère

---

(1) Chirac tombé au pouvoir d'une bande de Réformés fut bientôt
repris par les Catholiques.

(2) Les Huguenots s'étaient opposés à la création de la Sénéchaussée.
Dans un extrait du compte de M. de Chanolhet, syndic du Gévaudan,
(1585) on lit : « ... et d'aultant qu'en l'assemblée tenue à Montauban
par ceulx de la nouvelle relligion fut dressé cahier de leurs doléances,
pour présenter au Roy, sur la fin dè ce mois d'aoust, en l'année dernière 1584, et y fust mis article exprès pour supplier Sa Majesté de
révoquer et supprimer la Sénéchaussée dudit Gévaudan .... et donné
charge expresse et affectionnée à leurs députés genéraulx *de poursuivre
à toute outrance la suppression dudit siège....* » (Arch. départ. Lozère,
C. 1).

nouvelle : la déchéance de M. de Saint Vidal et la restauration de Marvejols.

La révocation du Sénéchal infidèle (1) (véritable
triomphe pour Adam de Heurtelou !), suivant de quelques mois à peine le rétablissement de Damville, n'é-
tait-ce pas pour les habitants du diocèse de Mende le
signe le plus évident du retour du Roi à une politique
en tous points conforme à leurs aspirations du moment !

Vers la même époque, Marvejols détruite par son gouverneur aujourd'hui révoqué, essaye de redresser ses
maisons en ruines. Les diocèses de Montpellier, Nîmes
et Uzès avaient fourni chacun d'eux cinq cents écus à
M. de Montpezat, chargé de présider à cette répara-
tion (2) ». Ledict sieur se transporta en la ville avec
quelques troupes et fit des retranchements tant à l'é-
glise des prédicateurs qu'aux habitations réservées ».
La plupart des anciens habitants demeurèrent cependant à Florac, Anduze, Nimes et Montpellier. Mais ceux
qui s'établirent définitivement à Marvejols élurent leurs
consuls : le premier, M. de Chambrun, fut protestant,
et les deux autres catholiques « pour entretenir l'amitié
entre eux. Les prédications de la parole de Dieu com-
mencèrent de se fère par le moyen du sieur Moynier,

---

(1) M. de Saint-Vidal fut révoqué le 15 juillet 1589. Voir les lettres
de révocation, pièces justificatives.

(2) L'assemblée de l'Union royaliste, réunie par Montmorency à Nîmes, avait rédigé le 29 mars un cahier dans lequel elle déclarait obéir
au roi de Navarre. Elle demanda notamment des secours et un lieu de
retraite pour les fugitifs de Marvejols (article qui fut approuvé par Damville). — Ménard, *Histoire de Nîmes*, t. V, p. 191, preuves.

l'ancien ministre de Marvejols, qu'on recouvra de Nîsmes ». Toutefois le protestantisme ne fleurit plus dans la cité royale; les Huguenots restés fidèles à leur foi l'avaient, pour la plupart, définitivement abandonnée: aussi était-elle surtout peuplée de nouveaux convertis. « Tant il y a qu'il y avoit fort peu d'escouteurs au presche, parce qu'il y avoit beaucoup de temporiseurs et aultres qui pensoient que ladite ville ne se remettroit jamais » (1). La trève des Maréchaux (2) était donc réellement observée en Gévaudan, tandis que dans les pays limitrophes, en Velay, en Auvergne, la lutte reprenait, dès la mort du dernier des Valois (3) toute la violence des premiers jours des guerres de Religion.

Jamais le Royaume ne fut plus troublé par les factions hostiles qu'au lendemain de l'assassinat d'Henri III. Henri de Béarn, proclamé roi dans l'Ile-de-France, la Champagne, la Picardie, ne mécontente les Huguenots par ses concessions aux seigneurs catholiques que pour se voir bientôt menacé d'une complète défection de ces derniers. Cependant la Ligue se désagrège. Charles X est prisonnier d'Henri IV; Mayenne, son lieutenant général, aspire à la royauté et lutte secrètement contre les ambitions rivales de son cousin Charles de Lorraine et de Charles - Emmanuel, duc de Savoie, petit-fils de François I⁰ʳ, tandis que l'espagnol Philippe II travaille en sous main à ouvrir l'accès du trône de France à sa fille Isabelle-Claire-Eugénie. A Paris même, Mayenne se

---

(1) F. André, Doc. sur les Guerres de Religion, t. III, pp. 462 et 463.

(2) C'est-à-dire Joyeuse et Damville.

(3) 1ᵉʳ août 1589.

heurte aux prétentions tyranniques et centralisatrices des Seize, qui, s'obstinant dans une politique étroite, s'exposent fatalement à être abandonnés de la province. Le clergé ligueur exalte enfin de ses prédications violentes et sanguinaires le fanatique enthousiasme de la foule. Etrange conflit d'intérêts et d'ambitions qui, de la part des Ligueurs, rendait toute action commune impossible.

Quel contraste entre cette surrexcitation de toutes les haines politiques et religieuses et l'attitude réservée, déjà pacifique, du Gévaudan ! Les trois partis y conservent leurs positions respectives. Les Ligueurs dominent dans la région septentrionale (Saugues, Le Malzieu, Serverette, St-Chély), les Catholiques royalistes dans la vallée du Lot (Mende, Chanac), et les Réformés dans les Cévennes (Florac, Barre, Le Pont-de-Montvert, Saint-Germain-de-Calberte). Mais, de leur part à tous, aucune recrudescence de violence.

Les deux gouverneurs du Languedoc, Damville et Joyeuse, ayant conclu, le 31 août, une nouvelle trêve de quatre mois, (1) le Gévaudan jouit d'une période d'accalmie pendant que la majeure partie du royaume est dans une agitation extrême. Cette suspension d'armes permit à Montmorency de tenter enfin heureusement une alliance des Réformés et des Catholiques du diocèse sous sa haute direction. Le lendemain même de la signature de la trêve, (2) les « personnages faysans la plus

---

(1) Dom Vaissette, *Hist. du Languedo.*, édit. Privat, t. XI, p. 788.

(2) Cette proximité de dates prouve assez que la trêve avait été déjà préparée en Gévaudan.

grande et saine partie de l'estat et communaulté du Gévaudan », (c'est à-dire l'évêque, les commis, scindic et autres notables du pays), rédigèrent dix articles (1) qu'ils soumirent à son approbation. Désireux surtout d'éviter à leur pauvre contrée « les maux et désordres » dont souffre le royaume tout entier et que « la différence des partis pourroit encore apporter en ceste misérable saison », ils ont « avisé de se joindre et unir ensemble.... d'inviter, d'exhorter tous les aultres habitans du pays, de quelque estat, ordre et qualité qu'ils soient, d'en fère de mesme ». Ils vivront « en bonne amitié et correspondance les ungs aux aultres pour la défense commune du pays; ils y emploieront tous leurs moyens, les habitans catholiques pour la manutentio* de la saincte Eglise catholique, apostolique et romaine, et ceulx de la religion prétendue Réformée soubz le bé-

---

(1) « Articles accordés entre les soubznommés, pour le repos et soulagement du diocèse de Mende et pays de Gévauldan, pour en estre faicte très-humblement requeste et remonstrance à Mgr le duc de Montmorency, gouverneur et lieutenant général pour Sa Majesté au pays de Languedoc, affin qu'il soit son bon plaisir les agréer et authorizer, arrestés le premier septembre mil cinq cens quatre-vingtz-neuf ». Voir les pièces justificatives.

Les archives départementales de la Lozère ne possèdent que la copie des dix articles, expédiée à Mende, avec les « réponses » du maréchal, datées de Pézénas (le 20 septembre). Aussi les signataires de cet acte important n'y sont-ils pas relatés. Nous connaissons toutefois les principaux d'entre eux : l'évêque, les commis et syndic du pays, mentionnés comme tels dans le procès-verbal des Etats particuliers tenus à Mende en novembre 1589. (F. André, Procès-verbaux des Etats du Gévaudan, t. I, p. 240).

défice de l'édict de la trêve, laquelle sera observée de part et d'aultre soubz l'authorité dudit seigneur ». La préoccupation exclusive de la terre leur impose cette attitude ; il est aisé de s'en convaincre par la lecture du second article : « *la ruyne du Gévaudan et ceste désolation de voyr la plupart des villaiges d'iceluy déserts et les terres incultes..... sont prouvenus principalement des volleries, rançonnemcnts et ravaiges qui se sont faicts depuis trente ans sur le pauvre laboureur et son bétail* ». Ils accusent de ces exactions moins les soldats que « quelques gens sans aveu » qui ont leur retraicte aux lieux du Pont-de-Montvert, Genolhac, Chamborigaud et aultres endroicts des Sévènes » (1) d'où ils sortent à toute heure pour piller le bétail des montagnes qu'ils vendent ensuite à des marchands du Bas-Languedoc. « Lesdits voleurs s'attroupent le plus souvent au nombre de cinquante ou soixante, à cheval, et, ayant faict leurs prises, se renferment en des lieux écartés où la justice n'a point d'accès. La plupart de ces coureurs prennent le prétexte sur le contraire party, sans avoir égard aux règlements de la trêve,... Les rentes et revenus du pays sont tellement diminués *que les plus aysés n'ont plus moyen de vivre et s'entretenir en leur estat* ». Aussi promettent-ils de s'opposer de tous leurs moyens à

---

(1) A la faveur des troubles de la guerre civile, des compagnies de détrousseurs s'étaient organisées dans les Cévennes, comme d'ailleurs dans la plupart des pays montagneux dont l'accès était rendu très difficile aux troupes régulières par la multiplicité des chaînons et des vallées. Le séjour de ces voleurs nuisit aux Cévenols sédentaires ; car le parti adverse les confondit volontiers les uns et les autres.

« telles courses et ravages, de quelque party qu'ils procèdent, et généralement de se bander contre tous ceulx contrevenans à la trève ».

La signature de cet acte était un succès pour Damville. Aussi répondit-il, le 20 septembre : « Nou avons très agréable l'union des bons et fidèles subjects du Roy, et que, pour son service et bien de son estat, y a t entre ceulx du Gévauldan bonne intelligence; en quoy nous nous y employerons aux occasions qui se pourront présenter ». (1) Le Gévaudan reconnaissait ainsi Henri IV pour roi et Damville pour gouverneur.

Catholiques fervents, les royalistes gévaudanais n'avaient pu être froissés par la déclaration du 4 août, (2) par laquelle Henri IV affirmait qu'il n'entraverait en rien l'exercice de la religion catholique et n'accorderait aux protestants la liberté de leur culte que dans les places dont ils étaient les maîtres. Les Etats du Haut-Gévaudan ne répondirent pas autrement aux protestants des Cévennes, quand ils leur écrivirent en juin 1588 : « Si ceulx de la nouvelle religion, habitants de Maruéjols, réfugiés aux Sévènes, soit à Florac ou aultres lieux, se contiennent et vivent paisiblement en l'obéyssance deue au Roy, sans aulcunes courses ni pilheries,.... gentilzhommes, capitaines, soldats et aultres jouiront de leurs biens (qu'ils possèdent à Maruéjols et aux environs) par affermes et arrantemens en vertu

_____

(1) F. André, Doc. sur les guerres de Religion en Gévaudan, tome III, pp. 490 et suiv.

(2) Isambert, *Recueil général des anciennes lois françaises,* tome XV, page 3.

de la main-levée, laquelle le syndic du pays poursuy-
vra en cedit cas envers Sa Majesté ». (1)

Henri IV s'était d'ailleurs engagé à se faire instruire
par un concile général qui serait convoqué dans
les six mois. Adam de Heurtelou, toujours dévoué
à la royauté légitime, lui écrivit une lettre, datée du
19 septembre, pour l'assurer de sa fidélité et de son
étroite alliance avec Damville, et l'exhorter à se convertir à la religion catholique (2). « J'ai conservé
mon diocèse au millieu de ces malheureuses et damnables séditions en ce sainct devoir (de fidélité au roi)
avec le bon ayde de Monseigneur de Montmorency,
lequel faict bien paroistre en ceste importante occasion
qui se présente combien, Sire, il est affectionné au bien
de vostre dict service, quelque opposition qu'aucuns
de noz voisins des provinces limitrophes de ceste cy
ont essayé de m'y donner ; lesquels enfin je ne fais
doubte que si votre dicte Majesté effectue la bonne et
saincte résolution qu'elle a prinse de se faire bon catholique et très-chrestien deffenseur et protecteur de
'Esglise, chacun n'en loue Dieu et ne vous rende peu
à peu l'entière obéissance qui luy est deue . . . . . »
Adam de Heurtelou prescrivit même à tout son
diocèse des prières publiques pour la conversion
du Roi « dont dépend le repos général et particulier

---

(1) F. André. Doc. sur les guerres de Religion en Gévaudan, t. III,
p. 400. Voir plus haut, chapitre VIII, p. 99.

(2) Lettre d'Adam de Heurtelou, évêque de Mende, au Roi Henri IV.
Mende, le 19 septembre 1589 (inédite). Voir les pièces justificatives.
Bibl. nat. Dupuy, 61, p. 51.

du royaume, afin d'oster le scrupule de conscience que
la bulle pontificale a faict naistre en beaucoup de personnes que [le prélat] contient le moings mal qu'il
peut ». (1)

Se réglant sur l'attitude politique de son évêque, le
Gévaudan royaliste se fit représenter aux Etats du
Languedoc, qui réunis par Damville à Béziers le 27
septembre jurèrent fidélité à Henri IV (2). Ses députés
furent le vicaire général d'Adam de Heurtelou et les
consuls de Mende. Mais aucun d'eux n'assista aux Etats
ligueurs convoqués par Joyeuse à Lavaur le 15 novembre, où fut prêté le serment de ne « jamais obéir à aucun
roi de France qui ne fut catholique, oint et sacré ».

Catholiques royalistes et Réformés cévenols recon-
naissaient enfin le même Roi, Henri IV. Leurs deux chefs,
Adam de Heurtelou et Damville s'étaient unis pour assurer la pacification de la contrée ; les haines religieuses avaient depuis quelques années beaucoup perdu de
leur acuité première. Aussi l'entente entre les deux

---

(1) Lettre d'Adam de Heurtelou, publiée par l'abbé Baldit dans le
Bulletin de la Société d'agric., sciences et arts de la Lozère, année 1862,
page 42.

(2) Dom Vaissette, *Histoire du Languedoc.* édit. Privat, tome XI,
pages 789, 790 et 791. « On pria le duc de Montmorency de faire observer la trêve, de la prolonger et de congédier en conséquence les troupes qu'il avait levées ». Ibid. p. 790. — Le procès-verbal des Etats du
pays de Gévaudan, tenus à Chanac en novembre 1589, nous apprend
que les Etats généraux de la Province décidèrent de réduire de 20 hommes la garnison de Florac, commandée par le capitaine de la Croix.
(Cette compagnie comprenait, avant cette décision, 60 hommes). — F.
André, Procès-verbaux des Etats du Gévaudan, tome I, page 246.

partis ne pouvait elle longtemps se faire attendre ; elle fut officiellement consacrée aux Etats particuliers du pays tenus à Chanac le 11 novembre suivant (1).

Beaucoup plus nombreuse (2) que les Etats réunis à Mende l'année précédente, l'assemblée des représentants du pays de Gévaudan approuva, à l'unanimité, les « articles accordés entre Mgr l'Evesque de Mende, les commis, le scindic, les notables du diocèse », et apostillés par Montmorency, et promit de les observer « pour le bien, repos et seurté de ce païs. » (3).

Aussi, dès le lendemain matin, tous les députés des Cévennes (4) « ayant comparu en ladicte assemblée » déclarèrent-ils par la bouche du viguier de Portes, représentant du vicomte, qu'ils étaient « très aises de l'accord qui se voyait aux Estats pour le party du Roy et soubs l'obéissance de Mgr le duc de Montmorency, et qu'ils entendaient y assister pour en rapporter tout ce qui pourroit servir à l'entretènement de cette société et union ». Leur requête ayant été favorablement accueillie, il fut décidé que « les consuls, procureurs des villes et lieux des Cévennes ayant séance aux Etats (ainsi que le député de Marvejols restauré), seraient appelés aux impositions qui se feraient dorésénavant dans le pays sur

---

(1) F. André, Procès-verbal des Etats du pays de Gévaudan, tome I, pages 228 à 279.

(2) Comparer les Rôles des députés présents en 1588 (Ibid. p. 213) et en 1589 (Ibid. pp. 231, 232 et 233).

(3) Voir plus haut, pp. 112 et 113.

(4) Procès-verbal des Etats du pays de Gévaudan, tome I, pages 247 et 248. Ils étaient tous absents des Etats de 1588.

tout le corps d'iceluy ». L'assemblée se préoccupa presque exclusivement de régulariser la situation financière du diocèse en essayant de rompre avec le dualisme des années précédentes. Quant à la levée des troupes et à leur entretien, ce furent questions secondaires : preuve évidente de l'apaisement général des esprits. Aussi les Etats étaient-ils en droit d'affirmer : « le repos et la tranquillité commencent à s'establir dans le pays ».

L'avenir justifia ces prévisions. Si le diocèse est encore troublé par quelque hardi coup de main tenté par une bande de pillards cévenols ou ligueurs, c'en est fait des vexations inouies qui ont marqué en lettres de sang, dans les annales gévaudanaises, les années 1580 (1) et 1586 (2). De luttes effectives entre partis hostiles, il n'en est bientôt plus question. L'ère des pourparlers et des concessions réciproques est pour toujours ouverte. L'entente définitive entre Réformés et Catholiques royalistes, encore rendue délicate par la réglementation du régime financier, s'établira aux Etats du mois de février 1592 (3). Mais à la seule lecture

---

(1) Prise de Mende par le capitaine huguenot Merle.

(2) Prise de Marvejols par l'armée de Joyeuse et de Saint-Vidal.

(3) F. André, Proc.-verb. des Etats du Gévaudan, t. I, pp. 319 et 320. Sur la proposition des députés des Cévennes il fut « conclud et arresté que le différend serait vuidé par la voie amiable et d'arbitrage ».

Dès le mois d'août 1591, les Réformés unis aux Catholiques royalistes firent preuve d'un grand dévouement à la cause d'Henri IV en se portant au secours de Mende menacé par les ambitieux projets du duc

du procès-verbal de l'assemblée de 1589, l'historien se rend nettement compte que le Gévaudan est pour toujours, dès cette date, entré dans la période de liquidation des guerres de Religion.

<hr>

de Nemours, gouverneur de l'Auvergne pour la Ligue. Devant cette forte opposition, Nemours rebroussa chemin et s'en retourna à Riom. (F. André, Documents sur les Guerres de Religion en Gévandan, tome III, pages 540 à 550.

CONCLUSION

Depuis l'année 1586 les partis ont donc complètement changé d'attitude en Gévaudan. A l'époque de l'expédition de Joyeuse, une seule voix s'élevait chez les Catholiques pour réclamer du roi la ruine des Protestants de Marvejols et de la baronnie de Peyre. Modérée dans la bouche de l'évêque Adam de Heurtelou, la menace était toujours sanglante dans celle du gouverneur le baron de St-Vidal. Mais tous les Catholiques étaient alors unis dans un esprit de haine contre les Réformés.

A l'époque où s'arrête notre étude, c'est-à-dire au début de 1590, les hostilités religieuses sont définitivement passées au second plan ; ce ne sont plus deux factions seulement qui sont en présence, mais trois à peu près également réparties :

Dans la région septentrionale du diocèse, les Ligueurs, alliés aux Catholiques de Saint-Flour (1) et du Puy, très attachés à la Sainte-Union, jurent fidélité à Charles X, roi catholique. Saugues, Le Malzieu, Saint-Chély, suivent leurs seigneurs, les Mercœur et les d'Ap-

---

(1) En 1591 d'Apcher est mentionné par Adam de Heurtelou comme gouverneur ligueur de Saint-Flour. Lettre d'Adam de Heurtelou au Roi, 9 août 1591. Voir les pièces justificatives.

cher, dans leur résistance aux sollicitations d'Henri IV.
Le mouvement ligueur conserve encore en Gévaudan
sa forme primitive d'une opposition féodale.

Au centre, les Catholiques royalistes (les plus nombreux), sont dociles à la voix conciliatrice de leur évêque et comte, Adam de Heurtelou, l'un des plus di-
gnes représentants de ce clergé royaliste et gallican
qui a adhéré au parti du Béarnais dès son avènement
au trône de France et hâté par « ses bons offices », (1) sa
conversion au catholicisme. Débarrassé dès maintenant
des Huguenots dont la proximité à Marvejols contra-
riait, avant l'expédition de Joyeuse, son influence en
Gévaudan, il se préoccupe surtout de l'établissement et
du maintien des rapports pacifiques entre les factions
qu'il essaye de gagner à la nouvelle dynastie. Aussi,
déclarant à bon droit qu'il a « conservé son diocèse,
au milieu de ces malheureuses et damnables séditions
dans le sainct debvoir de soumission au Roy », supplie-
t-il Henri IV de se convertir afin que « chascung luy
rende peu à peu l'obéissance qui luy est deüe ».

Au sud-est enfin, les Réformés gévaudanais sont toujours unis à leurs coreligionnaires des basses Cévennes ;
ils maintiennent encore leur administration financière
particulière, dans l'attente de prochaines concessions
de la part de leur « protecteur » couronné. Mais ils cè-
dent volontiers aux directions éclairées de Damville,
qui grâce à son mariage avec Antoinette de la Mark,
baronne de Florac, exerce sur eux une directe influence.

_____

(1) L'expression est d'Adam de Heurtelou lui-même. Lettre d'Adam
de Heurtelou au roi Henri IV (19 septembre 1589), déjà citée au chapitre IX.

C'est d'ailleurs l'époque où la politique laïque du puissant gouverneur du Languedoc porte tous ses fruits : L'avènement d'Henri de Béarn au trône de France, n'est ce pas le couronnement de son œuvre ?

Les trois partis représentant les grandes factions dont les luttes ensanglantent encore la France sont donc juxtaposés sur ce petit théâtre avec des forces à peu près égales. A priori, l'historien s'attendrait à constater dans toute la région une vive surrexcitation des haines religieuses et politiques, d'autant plus violentes que dans ces pays isolés et de peu d'étendue, elles se greffent d'ordinaire sur des rivalités de personnes ou de communautés.

Il n'en fut rien. De 1589 à 1594 on ne remarque en Gévaudan aucune prise d'armes générale : ici et là, quelques actes de brigandage (vols de bestiaux, pillages de fermes ou prises de châteaux), dont la fréquence était favorisée par l'anarchie des guerres civiles. Mais c'est à ces faits isolés que se bornent, à cette date, les hostilités.

Des relations pacifiques entre partis hostiles tendent au contraire à s'établir définitivement. Aux Etats du Gévaudan, tenus à Mende en 1589, tous les députés Réformés affirment déjà leur sérieux désir d'apaisement et d'entente. La conclusion d'une alliance entre Cévenols et Royalistes catholiques serait dès maintenant un fait, si elle n'était gênée par la réglementation des questions financières. Quant à cette attitude batailleuse des Ligueurs, qui s'impose cependant à un parti dont la violence seule fait la force, elle était sans cesse modérée en Gévaudan par de nombreuses trèves du labourage, signées dans l'intention de ne pas ruiner entièrement la propriété foncière, unique ressource de cette contrée désolée. Aussi les Ligueurs eux-mêmes se soumirent ils à Henri IV dès qu'il leur eût ôté, par sa conversion, le dernier motif à la poursuite des hostilités.

Pourquoi ce revirement complet dans les relations des partis ? Notre étude tout entière est une réponse à cette intéressante question. Nous grouperons sous trois chefs principaux les causes de l'échec définitif des Ligueurs en Gévaudan :

1° *Causes économiques.* — Le Gévaudan, médiocre pays d'agriculture et d'élevage, ruiné par les soldats de Joyeuse et de Saint-Vidal, ne peut supporter plus longtemps la guerre civile qui le dépeuple et prive ses terres de laboureurs. La faible densité de sa population décimée par la famine et la peste ne saurait fournir sans cesse à de nouveaux combats (1).

2° *Causes administratives.* — La constitution administrative du Gévaudan y a très heureusement favorisé le succès de la cause royaliste. Adam de Heurtelou est non seulement l'évêque, mais le comte de son diocèse. Le Gévaudan est donc une façon d'état à demi indépendant sous la suzeraineté des évêques. Aussi ses prérogatives temporelles accentuent-elles encore l'attitude royaliste du prélat contrarié dans leur exercice par les usurpations du gouverneur et sénéchal M. de St Vidal et des officiers de la Sénéchaussée nouvellement installée à Mende. L'antipathie des caractères de ces deux hommes est le symbole vivant de l'opposition de leurs politiques (2).

---

(1) Voir les chapitres I, V et VI.
(2) Voir le chapitre V.

3° *Causes politiques.* — La lutte était devenue politique, plus que religieuse. Les Réformés se défendaient moins pour faire triompher leur propre cause, que pour ne pas laisser à leurs implacables ennemis le pouvoir de les détruire. Comment auraient-ils cependant abandonné le Béarnais, leur ancien compagnon d'armes ? De son côté, l'évêque, défenseur des libertés gallicanes contre les Jésuites récemment établis au Monastier, (2) adhère d'autant plus volontiers au parti d'Henri IV, que le nouveau roi a promis de se faire instruire dans les six mois en convoquant un légitime et libre concile national, ce rêve de l'Eglise de France qui, mis en avant par Michel de l'Hôpital, était depuis trente ans la promesse et la chimère des modérés. Aussi Heurtelou, chef du parti catholique royaliste, hostile aux prétentions excessives du baron de St-Vidal, entretenait-il de pacifiques relations avec Damville, protecteur des Réformés. L'analogie et la concordance de leurs politiques aura bientôt pour résultat la réconciliation définitive des deux partis, sous le bon plaisir du Roi Henri IV (3).

D'ailleurs, les révolutions se font toujours au-dessus des paysans, loin d'eux et à leur insu, jamais par eux (surtout dans des pays de montagnes, tels que le Gévaudan, isolé, éloigné de tout centre urbain important). Ils ne les connaissent que par quelques unes de leurs conséquences administratives et économiques. Or ces

---

(2) L'attitude de l'évêque de Mende à l'égard des Jésuites de Rodez qui avaient pris possession, malgré lui, du monastère des Bénédictins du Monastier. (Daudé.

(3) Voir les chapitres VII, VIII et IX.

conséquences étaient désastreuses pour la contrée. La
création de la Sénéchaussée et l'entretien des corps de
troupes chargés de maintenir l'ordre, et plus souvent
de le troubler, lui avaient imposé de nouvelles charges.
Tout en sauvegardant ses privilèges, que ses diocésains
considéraient comme leurs, contre les tendances usur-
patrices d'un gouverneur et sénéchal tout dévoué aux
Ligueurs, l'évêque donnait donc, du même coup, entière
satisfaction à des laboureurs misérables, hostiles à toute
innovation politique. Epuisés par la guerre civile, les
gévaudanais levaient enfin des yeux suppliants sur cette
royauté, si populaire dans les pauvres pays de montagnes, magistrature suprême qui apparaît alors aux paysans menacés d'une ruine complète comme la source
unique de toute justice.

Aussi le Gévaudan fut-il un des premiers pays de
France où malgré l'opposition des partis (et peut-être à
cause même de cette opposition), se manifesta ce sen-
timent loyaliste, sorte de religion royale qui a fait la
force de la monarchie capétienne et l'a toujours aidée,
au lendemain des grandes crises, à ressaisir le pouvoir (1)
et à poursuivre avec persévérance son travail métho-
dique de la centralisation du gouvernement et de l'u-
nification du royaume (2).

---

(1) C'est contre cette fidélité au roi légitime que se butteront mala-
droitement Nemours en 1591 et le gouverneur insurgé, Montmorency-
Fosseuse en 1596. Le Gévaudan était définitivement pacifié dès les premiers mois de 1594. Mais depuis 5 ans les hostilités régulières avaient
pris fin.

(2) Henri IV ne se montra point ingrat. Le Gévaudan fut de sa part
l'objet de la plus grande sollicitude.

BIBLIOGRAPHIE

I

DOCUMENTS INÉDITS

Archives du département de l'Ardèche (ancien Vivarais). — Documents relatifs aux rapports des Réformés du Gévaudan et du Vivarais.

Archives du département de l'Aveyron (ancien Rouergue). — Documents relatifs au procès des Jésuites de Rodez et de l'évêque de Mende, au sujet du monastère de Chirac.

Archives du département du Cantal. — Documents relatifs aux relations des Ligueurs du Gévaudan septentrional et de Saint-Flour.

Archives du département du Gard. — Documents relatifs à la Sénéchaussée de Beaucaire et de Nimes de laquelle relevait le bailliage de Gévaudan. Procès de la Sénéchaussée de Mende. Rapports des Réformés du Gévaudan et des Basses Cévennes.

Archives du département de la Haute-Garonne. — Consulter les archives du Parlement, à la Cour d'appel (1er répertoire des Edits et Déclarations, 1444-1693).

Archives du département de la Haute-Loire. (ancien Velay). — Documents relatifs au baron de Saint-Vidal, gouverneur du Gévaudan et du Velay et aux Ligueurs du Puy en rapports fréquents avec les Ligueurs du Gévaudan.

Archives du département de l'Hérault. — Documents relatifs aux Etats du Languedoc et à la Cour des Aides de Montpellier (Série B, inventaire imprimé. Montpellier, Ricard, 1870). Consulter aussi les Registres des Trésoriers de France (classés par années).

Archives du département de la Lozère. — Inventaire sommaire des Archives départementales de la Lozère, antérieures à 1790.

1° Série C. (Archives civiles), 1 vol. par M. F. André.

2° Série G. (Ancien fonds de l'évêché de Mende), tomes I et II, par M. F. André, 1882 et 1890.

3° Série H. (Archives hospitalières), en cours de publication, par MM. F. André et M. Saché, archivistes.

Archives communales de la ville de Mende. — Inventaire par M. F. André. 1885.

Bibliothèque nationale. — Fonds Dupuy (t. 61).

Carte de la partie orientale du gouvernement de Languedoc, où se trouve, dans les Sévènes et dans le Bas Languedoc, le diocèse de Mande et Gévaudan, etc., par le sieur N. DE FER. Paris, 1703. Bénard. (Arch. départ. Lozère).

Carte de la province de Languedoc, dressée par ordre et aux frais des Etats, sous la direction de MM. Cassini, de Montigny, et Perronet, réduite sur l'échelle d'une ligne pour 500 toises, par le sieur CAPITAINE, 1781. (Arch. départ. Lozère).

II

DOCUMENTS PUBLIÉS [1]

ALBISSON. — *Lois municipales et économiques du Languedoc.* Montpellier, Rigaud et Pons, 1780-1787. 1 vol. in-4°.

F. ANDRÉ, archiviste départemental. — *Documents historiques et inédits sur les guerres de Religion en Gévaudan,* publiés par la Société d'agriculture, sciences et arts du département de la Lozère, sous les auspices du Conseil général. Consulter le tome III. Mende, imprimerie Privat, 1887.

F. ANDRÉ. — *Procès-verbaux des séances des Etats particuliers du pays de Gévaudan,* publication de la Société d'agriculture, sciences et arts du département de la Lozère. Consulter le tome I. Mende, imprimerie Privat, 1876.

---

(1) On trouvera dans les mémoires du temps, dans de Thou par exemple, quelques détails épars sur le Gévaudan à l'époque qui nous intéresse.

F. ANDRÉ. — *Cahiers de doléances au Roi par les États particuliers du Gévaudan à l'époque des guerres de Religion.* (Extrait du Bulletin de la Société d'agriculture, sciences et arts du département de la Lozère, année 1875, pp. 47 à 200).

F. ANDRÉ et DE MORÉ. — *Notice historique sur le Gévaudan et ses huit baronnies.* (Copie d'un ms. de 1620). Bulletin de la Société d'agriculture de la Lozère, année 1865, p. 468.

F. ANDRÉ. — *Notes historiques sur le Gévaudan.* (Copie d'un manuscrit tiré des *Recherches* du sieur Lenoir, aux Archives de l'Hérault. XVIIe siècle). Annuaire du département de la Lozère (partie historique), année 1884.

Annuaires du département de la Lozère (partie historique).

Le P. ANSELME. — *Histoire généalogique et chronologique de la Maison de France et des grands officiers de la couronne.* 9 vol. in-f°. 1726-1733. (A consulter, sur les grandes familles gévaudanaises, notamment les d'Apcher, les de Saint-Vidal, barons de Cénaret, etc.)

D'AUBAIS. — *Pièces fugitives pour servir à l'histoire de France.* 1759. « Le voyage du duc de Joyeuse en Languedoc », tome I.

L'abbé BALDIT. — *Meurtres et massacres en Gévaudan à la fin du XVIe siècle.* (Extrait du Bulletin de la Société d'agriculture de la Lozère, année 1852, p. 76).

L'abbé Bosse. — *Le Gévaudan pendant la 2ᵐᵉ guerre civile dite religieuse (1567), ou procès-verbal des faits du baron de Cénaret, gouverneur du Gévaudan, dressé par le sieur Destrictis, son secrétaire.* (Extrait du Bulletin de la Société d'agriculture de la Lozère, année 1864).

F. Bouret. — *Dictionnaire géographique de la Lozère.*

Bulletin de la Société d'agriculture, sciences et arts du département de la Lozère, (de 1850 à nos jours), in-8°. Mende, imprimerie Privat. Le Bulletin publie chaque mois un fascicule historique. Principaux collaborateurs actuels : MM. F. André, ancien archiviste départemental, correspondant du Ministère de l'Instruction publique ; l'abbé Bosse, secrétaire général de la Société ; Germer-Durand, achitecte départemental, correspondant du Ministère de l'Instruction publique ; J. Roucaute, professeur d'Histoire ; Th. Roussel, de l'Institut, sénateur ; Saché, archiviste départemental, etc. etc. membres de la Société.

Bulletin de la Société de l'histoire du Protestantisme français. Paris.

de Burdin. — *Documents historiques sur le Gévaudan.* 2 vol. in-8°. Toulouse, impr. P. Lachapelle (1866-1867).

de Burdin. — *Documents inédits,* publiés dans le Bulletin de la Société d'agriculture de la Lozère.

Les chroniques du Languedoc, (1874-1889). Revue du Midi, publiée sous la direction de M. DE LA PIJARDIÈRE, archiviste départemental de l'Hérault.

Discours du voyage de M. le duc de Joyeuse, pair et amiral de France, en Auvergne, Givodan et Rouergue, et de la prise de la ville du Malzieu, Maruèges et Peyre, ècrit par un gentilhomme de l'armée dudit seigneur à ung sien amy. Paris, par Mamert-Patisson, imprimeur du Roy, 1586. (Extrait du Bulletin de la Société d'agriculture de la Lozère, année 1863).

Etat de la population et du commerce de chaque communauté, et noms des seigneurs du Gévaudan, d'après les procès-verbaux dressés par M. Laval, commissaire délégué (vers 1734). (Extrait de l'Annuaire du département de la Lozère, 1879.

Extrait des Archives de l'Evêché de Mende, comté et pays de Gévaudan, contenant :

1° La Charte, dite Bulle d'or (1161) ;

2° L'Eschange de 1266 entre St Louis et l'évesque Odilon de Mercœur ;

3° Le Paréage de 1307.

Trois feuilles in-folio (s. l. n. d.), imprimé XVII° siècle. (Arch. départ. Lozère, Série G. 775).

Gallia Christiana nova, par Denys DE SAINTE-MARTHE. (Diocèse de Mende, tome XIII, p. 83).

GRAVEROL. *Notice et abrégé historique des 22 villes, chefs-lieux de diocèse de la province de Languedoc.* Toulouse, Colomiers, 1696. In-folio.

J. Ignon. — *Nomenclature des communes de la Lozère, suivie de quelques remarques historiques et statistiques.*

[Arrondissement de Mende (Annuaire du département de la Lozère, 1830).

Arrondissement de Marvejols (Annuaire de 1831).

Arrondissement de Florac (Annuaire de 1832).]

Intendit présenté au Roy en 1587, par le syndic du diocèse de Mende. (Extrait du Bulletin de la Société d'agriculture de la Lozère, année 1856, page 461).

Mémoires de la Société d'agriculture, sciences et arts de la Lozère. 16 vol. in-8° de 1827 à 1850. Mende, imprimerie Ignon. (Principal collaborateur, J. Ignon).

J. Roucaute. — *Documents pour servir à l'histoire du Gévaudan de 1586 (expédition de Joyeuse) à 1593 (conversion d'Henri IV),* in-8°. A. Picard, Paris, 1894.

Dom Vaissette et Dom Devic. — *Histoire générale du Languedoc.* Toulouse, édit. Privat, tome XII. Preuves.

P. P. Vincens. — *Dictionnaire des lieux habités du département de la Lozère.* Mende, imprimerie Privat, 1879.

III

OUVRAGES DE SECONDE MAIN [1]

F. ANDRÉ. — *Les Evêques de Mende, comtes du Gévaudan, en vertu du Paréage de 1307, et Sceau de la Cour commune*. (Extrait du Bulletin de la Société d'agriculture de la Lozère, année 1865, pages 433 et suiv).

J. DAUDÉ. — *Recherches historiques sur le Monastier, en Gévaudan.* Paris, Maisonneuve frères et Ch. Leclerc, éditeurs, 1885. 1 vol. in-8°.

DÉSORMEAUX. — *Histoire de la maison de Montmorency* Paris, Desaint et Saillant, 1764. 5 volumes in-12.

André DUCHESNE. — *Histoire généalogique de la maison de Montmorency*. Paris, Séb. Cramoisy, 1624. In-folio.

HAAG. — *La France protestante,* (nouvelle édit.)

IMBERDIS. — *Histoire des guerres de Religion en Auvergne.* 2 vol. in-8°. (Consulter le tome II).

---

(1) Nous ne citons que les ouvrages exclusivement consacrés au Gévaudan et aux pays limitrophes. L'*Histoire des guerres de Religion en Gévaudan,* est encore à écrire.

Le P. LOUVRELEUIL. — *Mémoires historiques sur le Gévaudan et la ville de Mende*. 1ʳᵉ édition, 1726. Réimprimé à Mende, 1825. 1 vol. in-8°.

LUNET. — *Notice historique sur le collège des Jésuites de Rodez*. (Extraits des Mémoires de la Société de l'Aveyron).

MARTIN. — *Notice historique sur Mende*, 1893.

L'abbé OLLIER. — *Histoire des guerres de Religion en Gévaudan aux 16ᵉ, 17ᵉ et 18ᵉ siècles*. Tours, impr. Bousrez.

L'abbé PROUZET. — *Annales pour servir à l'histoire du Gévaudan*. St-Flour, chez Villefort, 1843-1844. 2 vol. in-8°.

L'abbé PROUZET. — *Histoire du Gévaudan* ou suite aux *Annales de cette province*. Mende, chez Pécoul, 1846-1848. 2 vol. parus, in-8°. Les tomes III et IV, manuscrits, sont à la bibliothèque des Archives départementales de la Lozère.

L'abbé ROUCHIER. — *Histoire religieuse, civile et politique du Vivarais*. Paris, 1 vol. in-8°.

Tables des Sociétés savantes du Midi de la France. (La Société d'agriculture, sciences et arts du département de la Lozère, publie des tables décennales). (1)

---

(1) On trouvera d'intéressants articles sur le Gévaudan dans les *Mémoires* (1827 à 1850) et les *Bulletins* (1850-1875) de la Société d'agriculture de la Lozère. A partir de 1875 et jusqu'en 1893, la partie historique du *Bulletin* a été exclusivement consacrée à la publication de séries de documents.

Dom Vaissette et Dom Devic. — *Histoire géné-rale du Languedoc*. Toulouse, édit. Privat, tome XI.

De Vinols de Montfleury. — *Histoire des guerres de Religion dans le Velay pendant les règnes de Charles IX, Henri III et Henri IV.*

www.ingramcontent.com/pod-product-compliance
Lightning Source LLC
Chambersburg PA
CBHW060148100426
42744CB00007B/943